潜在意識を整えると、体の痛み、心のつらさが瞬時によくなる！

誰もが**劇的な**
変化を起こせる
心身の調整法
「魂のワーク」の秘密

魂のワーク協会 編著

現代書林

目次

プロローグ

心身の悩みの答えはすべて「魂＝潜在意識」にある

心身の悩みの答えはすべて「魂＝潜在意識」にある　11
その患者さんは「魔法使いみたい」と表現した　12
約10万人分の「魔法」の症例　14
ストレスがなければ病気をしない人生になる　15
ストレスを一瞬にして解消する治療法は、これまで存在しなかった　18
心の95パーセントを占める潜在意識　19
「魂＝潜在意識」に心身の悩みの答えがある　21
魂のワーク創始者の名前を公表しない理由　24

私たちの使命は「すべての人に愛のあふれる世界」を実現すること　25

第1章 従来の治療法の限界と「魂のワーク®」の可能性　29

症状からの解放を求めて放浪する人々　30
一方、志ある治療家たちも放浪している　32
名人技は教えられないし、教えるつもりもない　34
マッサージの刺激は心身にマイナスの働きとなる　36
レントゲンなしのカイロプラクティックの危険性　39
従来の治療法に欠けていた「パズルのピース」　42
心が原因で起きてくる体の痛み　45
従来の医療には心の問題を解消する方法がない　47

ストレスがあると脚の長さに左右差が生じる　49
「魂＝潜在意識」に働きかけて、心の問題を根本から解消する　53

第2章 「魂のワーク®」はこうして誕生した

57
「魂のワーク」11の特徴　58
創始者の父親が持っていた「不思議な手」　61
「魂＝潜在意識」へ働きかける周波数の発見　63
従来のエネルギーワークは「癒し」はできても「治療」ができない　65
その場でストレスやトラウマがゼロになる　67
その人にとって「必要な試練」を解消してはならない　70
エネルギーの感覚は共有できない　73

創始者の名人技を誰もがそのまま再現できる　75
「アプリ」感覚で必要な周波数のエネルギーを発動　76
他の伝授系エネルギーワークとの違い　79
魂のワーク誕生までの試行錯誤　81
魂のワークのセミナーは最初の30秒で90パーセントが終わる　83

第3章

本書特典

「天地人つなげる力（エネルギー調整シール）」で、エネルギーの効果を体感する　85

日本人は昔から丹田のエネルギーを活用してきた　86
「丹田ができている状態」のエネルギーをシールにインストールする　88

「エネルギー調整シール」で体幹が安定する　90
「エネルギー調整シール」で電磁波の影響を軽減させる　93
「エネルギー調整シール」でネガティブ思考から愛へ　97
「エネルギー調整シール」の健康効果とスポーツ能力向上作用　99

第4章

「魂のワーク®」における即効治療の実際

103
魂のワークの施術にかかる時間は約20分　104
症状の改善度を測る「ペインスケール」　105
魂のワークのエネルギーは瞬間的に心身を変化させる　107
魂のワークは動物にも治療効果を発揮する　109
「循環して元に戻す周波数」で体の動きを元に戻す　111

「循環して元に戻す周波数」で内臓の働きを元に戻す　112
機能障害を負った脳も元の正常な働きに戻る　114
「痛みを取る周波数」で体の痛みを瞬時に取り去る　116
「痛みを取る周波数」でリウマチ性多発筋痛症の痛みが消えた　118
骨挫傷の痛みが瞬間的に消失し、松葉杖が不要に　120
ストレス、マイナスの感情はチャクラに溜まる　121
問題を起こしているチャクラを自動検出する「スキャニング」　124
ひきこもりの中学生が施術後すぐに登校を再開した　126
心の問題の解消では本人の意思を尊重する　129
魂のワークのセミナーはレベル5まで　130
ソフトな刺激で自律神経に働きかけ全身を整える「脳反射刺激療法」　132
魂のワークのエネルギーを応用した「浄化水整体」　135
「魂のワーク」は、基本的にはすべての病気に対応できる　142

第5章 すべての人に愛のあふれる世界を

145
小さいことを喜べる人ほど幸せになる 146
依存型の人や頑張り屋は自然治癒力が働きにくい 148
頑張るよりも楽しもう 150
過去の出来事をポジティブな物語に変える 152
被害者意識を手放すと加害者はいなくなる 156
自力で乗り越えられない苦しみは魂のワークへ 158

付　章

症例報告

「魂のワーク®」で心身の問題が劇的に改善した！　161

おわりに　189

プロローグ

心身の悩みの答えはすべて「魂＝潜在意識」にある

その患者さんは「魔法使いみたい」と表現した

「瞬間的に痛いのが消えてすごかった。魔法使いみたい。神様かな」

――肩の痛みを訴えて、魂のワークを受けた17歳男性の感想文の一節です。

魂のワークの感想で「魔法」という表現を使う患者さんは、彼ばかりではありません。

たとえば、脊柱管狭窄症による右ひざの内側のしびれ、あぐら・正座姿勢での重い感じ、指のしびれとむくみを訴える56歳女性は、「腰、足がとても軽くなったことにびっくりしました。魔法にかけられているみたいです」と感想を述べています。

また、脊柱管狭窄症と腰椎椎間板ヘルニア、変形性膝関節症で両脚に痛みがあり、歩行も階段の昇降にも困難があると訴える72歳女性は、「階段の上り下りがすごく良くなり、手を後ろで組むことができなかったが組めるようになり、びっくり。うれしかったです。魔法にかかったような気がしました」と述べています。

さらに、運動で腰痛が現れ、階段の昇降でひざが痛くなる13歳女性は、「はじめて受けてみて、なんか先生が魔術みたいなのをやるだけで、ぜんぜん痛みもなくなって、すごいなって単純に思いました」、足首を捻挫して松葉杖で来院した16歳女性は、「3日で治って、運動ができたって友だちから聞いて、本当か疑ってたけど、普通に歩けるようになったし、もう運動していいって言われて、びっくりしました。魔法？　が本当にすごかった。神かと思った」と、それぞれ感想を述べています。

魂のワーク（ソウルワーク）は、それを学んだ誰もが、このように魔法使いみたいな変化を心と体に起こせるエネルギーワーク（生命エネルギーによる治療）です。

ここでいう「ワーク」とは「働きかけ」の意味。

つまり、魂や生命エネルギーに直接働きかける治療法と考えてください。

医学知識のない人であっても、魂のワークを学んだ瞬間から治療効果を実感でき、心と体のさまざまな症状を解消する手助けができるようになります。

何もプロにならなくてもいいのです。

魔法使いのように、心と体の症状を解消できる人が一家に一人いたなら、それこそ、世の中すべてがガラッと変わって、愛のあふれる世界になるかもしれない。

そんな夢のような話も、この本で魂のワークのことをよく知ってもらえたら、決してかなわぬ夢でないことがわかるはずです。

約10万人分の「魔法」の症例

魂のワークがこれまで接してきた患者さんは約10万人。
そこには「魔法」のような改善例が数多くあります。
たとえば――、

- 10年以上前から聞こえなくなっていた耳の聴力が1回の施術でほぼ回復。
- 高次脳機能障害により記憶が定着しない状態から、海外留学ができるまでに回復。
- 松葉杖が必要な帯状疱疹後神経痛の痛みが1回の施術でほぼ解消。
- 松葉杖で来院した骨挫傷の痛みが瞬間的に解消され、15分後には走れるようになった。
- ひきこもり状態の中学生が、施術後、次の日から登校を再開。
- 数十年越しの実母への恨みが1回の施術で解消。

――などの症例をこの本では紹介しています。

「魔法」のような改善例ばかりですが、もちろん、より一般的な症状にも有効です。

たとえば、体のゆがみが気になる人、腰やひざや肩、頭、首、内臓、脳など体に起きている痛みやしびれや不具合などに悩まされている人にも、魂のワークは大いに効果的です。

また、ストレスやトラウマ、問題行動などで苦しんでいる人、どこに行っても解決しない原因不明の症状で苦しんでいる人にも功を奏するでしょう。

ストレスがなければ病気をしない人生になる

魂のワークが時に「魔法」のように効いてしまうのは、他の治療法にはない優れた特徴があるからです。

その特徴とは、ストレスなど心の問題を効果的に解消できるということです。逆に言えば、従来の治療法はそこが苦手なようです。

ストレスは心だけでなく体の病気の原因にもなる、ということは広く知られるようになってきました。

私たちは、学校や職場、あるいは日常生活の場で、日々、さまざまなストレスを受けています。多くの場合、学業や仕事や家事はストレスとなり、対人関係もまたストレスに感じることが多いはずです。

多少のストレスなら、気晴らしや休息などである程度は解消されますが、その解消が追いつかずにストレスが溜まっていくと、体のさまざまな働きをコントロールしている自律神経のバランスが乱れます。そして、それにより筋肉や骨格の症状の他、内臓や循環器系などにさまざまな問題が生じてきます。

たとえば、自律神経のうち交感神経が過度に働くと、筋肉が緊張して腰痛や肩こり、背中の張りなどが出てくる他、全身にゆがみが生じてきます。

さらに、白血球の中の顆粒球が増えることで、細胞の老化やがん化を招く活性酸素が増加します。また、毛細血管が収縮して血圧が上昇することで、動脈硬化とその先の脳血管障害・心血管疾患の原因にもなります。

一方、自律神経のうち副交感神経が過度に働くと、白血球の中のリンパ球が必要以上に増えてしまい、アレルギー症状が出やすくなります。

このように、ストレスは万病の元と言っても言い過ぎではなく、ストレスがなければ病気をしない人生になると考えてもいいでしょう。

ストレスは体の病気の原因になる

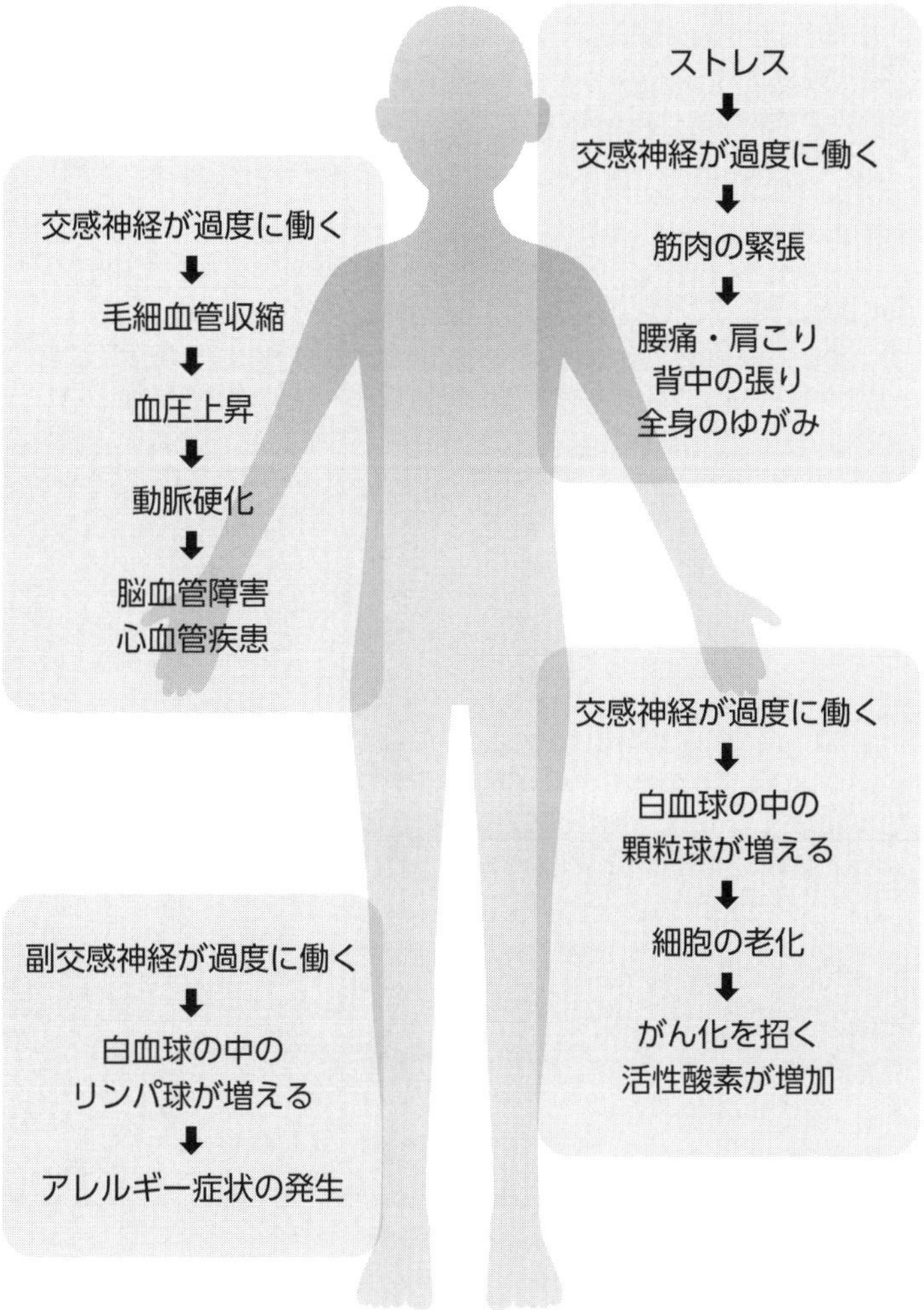
ストレス
↓
交感神経が過度に働く
↓
筋肉の緊張
↓
腰痛・肩こり
背中の張り
全身のゆがみ

交感神経が過度に働く
↓
毛細血管収縮
↓
血圧上昇
↓
動脈硬化
↓
脳血管障害
心血管疾患

交感神経が過度に働く
↓
白血球の中の
顆粒球が増える
↓
細胞の老化
↓
がん化を招く
活性酸素が増加

副交感神経が過度に働く
↓
白血球の中の
リンパ球が増える
↓
アレルギー症状の発生

昔から「病は気から」と言いますが、まさにその通りで、英語でも病気のことを「disease（病気）＝dis-ease（楽ではない）」と表現します。つまり、心が楽でない状態が病気を生むということです。

ストレスを一瞬にして解消する治療法は、これまで存在しなかった

心の病気であれ、体の病気であれ、その背後には必ずと言っていいほど、ストレスなど心の問題が潜んでいるものです。

そのため、最近では病院でも「ストレスを溜めない生活を心がけてください」といったアドバイスをするようになってきました。しかし、そういう生活はほとんどの人にとって難しいはずです。

経済面と人間関係に恵まれ、学業や仕事や家事が楽しくて仕方がない、という人ならストレスを溜めない生活も可能かもしれませんが、ほとんどの人はそういうわけにはいかないでしょう。

また、よく「ストレス解消」と言われますが、実際には、溜め込んだストレスは容易に

解消できません。

ストレスやさらにその先のトラウマ（深い心の傷）を根本から解消できる治療法は、これまで存在しなかったのです。

しかし、魂のワークは違います。

わずか数分、場合によっては一瞬で、体の痛みだけでなく心の苦しみもゼロにできるのです。なぜそれが可能かというと、心の95パーセントを占める「魂＝潜在意識」へ働きかけられる周波数のエネルギー（後述）が発見されたからです。

心の95パーセントを占める潜在意識

心の95パーセントは潜在意識と呼ばれる、自分自身も知らない未知の領域で、残りの5パーセントが顕在意識と呼ばれる、自分自身が自覚する心の領域であると言われています。

そうなると、ストレスやトラウマの多くも、心の95パーセントを占める潜在意識に溜め込まれていることになります。

「潜在」というように、潜在意識のストレスやトラウマは、普段は気にならないかもしれ

心の95パーセントを占める潜在意識

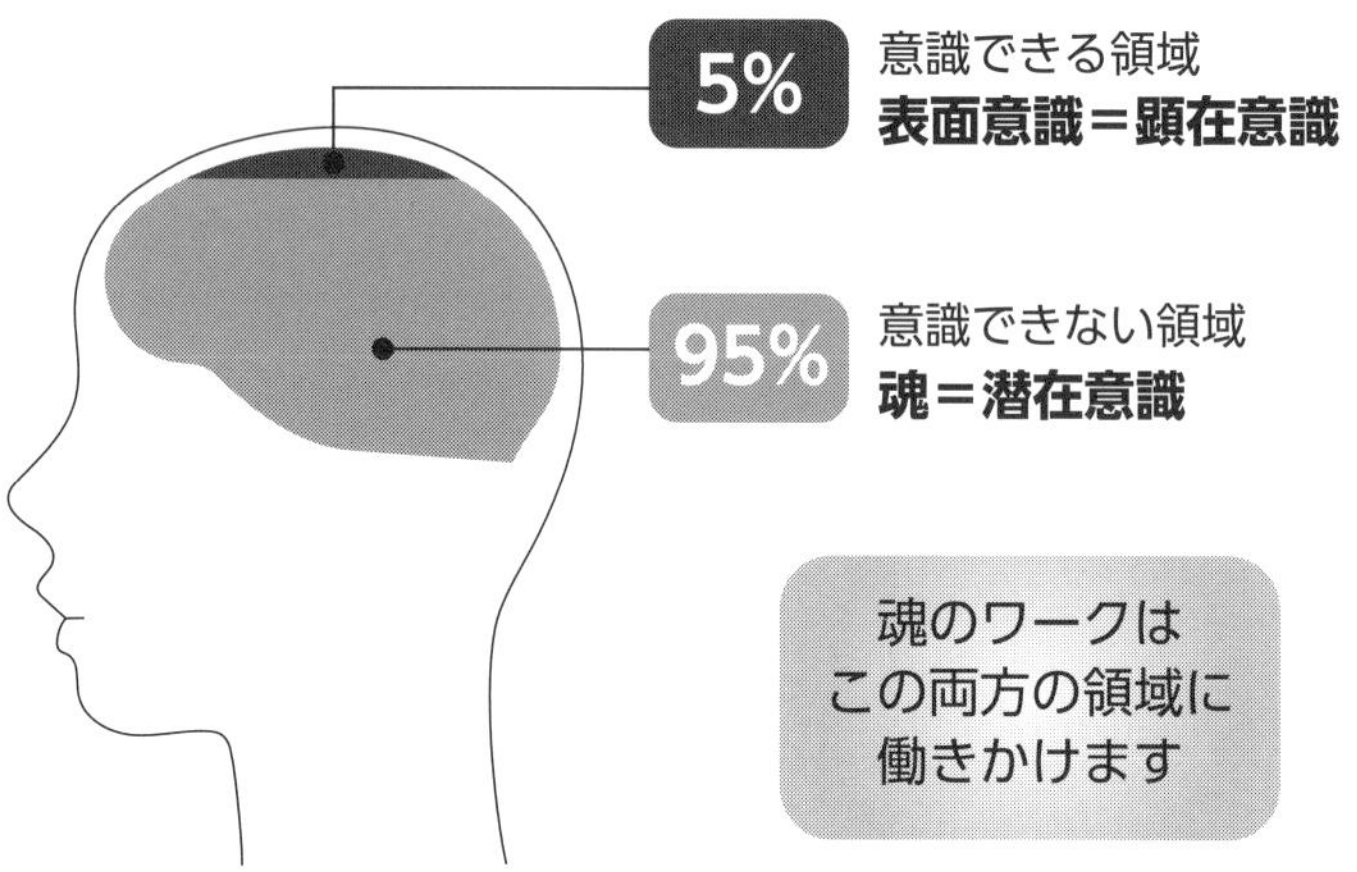

ません。しかし、気づかないうちに私たちの心身に影響を与えて、さまざまな症状や病気の原因になってきます。

つまり、潜在意識に働きかけなければ、心身の問題は効果的に解消できないということです。従来の治療法に限界があったのはそのためでしょう。

魂のワークは、心の95パーセントを占める潜在意識を「魂」とみなし、その「魂＝潜在意識」へ働きかけるエネルギーワークです。

その理論面・技術面では、世界各地の多種多様なエネルギーワーク、ヒーリング、気功などの他、催眠療法、整体、カイロプラクティック、活法（武術的整体法）など、実績のある各種治療法を参考にしながらも、それらを超えてさらなる進化を遂げたものとなっています。

検査を除けば、施術そのものは体に触れることなく行われ、「魂＝潜在意識」へ働きかける周波数のエネルギーにより、一瞬で体と脳と魂に変化を生じさせ、心身のあらゆる問題を改善させます。

このエネルギーは、従来のエネルギーワークで用いられてきたものとは違い、単に体が温かく感じるといっただけでなく、痛みやしびれの消失、関節の動く範囲の回復、呼吸の安らぎといった作用を生じさせます。

そして、それらの作用は、触診や体を動かす検査によって客観的に確認できます。つまり、施術者の自己満足ではなく、確かな治療効果を確認しながら施術が行われるのです。

「魂＝潜在意識」に心身の悩みの答えがある

どこに行っても治らない症状や病気に悩んでいる人は、「魂＝潜在意識」に納得できる答えを見つけられるかもしれません。

たとえ体の病気だったとしても、その答えは「魂＝潜在意識」にあるかもしれない。

なかなか良くならない心の病気なら、その答えは、あなたの知らないあなたの心、つまり「魂＝潜在意識」にあるかもしれない。

渋谷塚田クリニックの塚田博先生は、医療における「魂＝潜在意識」の重要性に気づいた医師のお一人です。

先生のクリニックでは、本来の自己治癒力を引き出すことが、最も自然な治療であると考え、現代の西洋医学だけではない医療を取り入れた統合医療を実践されています。

具体的には、点滴療法として高濃度ビタミンC点滴療法をはじめとする各種点滴、また自然療法としてバイオレゾナンス（＝ドイツ振動医療）による波動・エネルギー医療、個人に必要かつ適正なサプリメントを使った栄養療法、そしてヒーリングなどの治療です。

対象疾患は、特に、専門であるがんの診断や治療の他、現代医学では治療が難しい慢性疾患に対しても幅広く治療されて、医療難民のさまざまな患者さんを助けておられます。

統合医療で自己治癒力を高めるために体・心・魂にアプローチする新たなエネルギー（波動）医療を実践されている数少ない先生のお一人です。

塚田先生の実姉は十年来の右ひじの痛みで、これまで整形外科をはじめとするさまざまな治療を受けてきましたが、魂のワークの一回の施術で、その痛みが消失しました。

また、塚田先生のある患者の方は、終戦時の戦地からの引き揚げの際に受けた恐怖感が、戦後70年を経過しても拭えずに続いていていました。ところが、やはり、たった一回の魂のワークの施術により、その恐怖から解放され、「私の戦後はこれでようやく終わった」と安堵を得ることになりました。

これを目の当たりにした塚田先生は、魂のワークについて、「症例によっては、まさに瞬時に、その場において、長年の身体的な痛みや心の傷などをも癒し、喜びへと開放する力さえ持つ」と評価されました。

さらに、魂のワークの普及を目的とする「魂のワーク協会」の発足にあたり、『『希望』を載せた『魂のワーク』という新時代の医療の鍵を握った船が、今、旅立とうとしている」。「これまで築いてきた現代医療と、魂からのアプローチであるエネルギー医療の融合が、新時代の医療を開いていく」とのエールをいただいています。

塚田先生の取り組みにつきましては、左記のサイトを参考にしてください。

・渋谷塚田クリニック（http://www.tsukada-clinic.jp）

魂のワーク創始者の名前を公表しない理由

「希望を載せた魂のワークという新時代の医療」とまで高く評価してもらえるのは、先ほども述べたように、医学知識のない人であっても、魂のワークを学んだ瞬間から、心身のさまざまな症状を解消できるからでしょう。

魂のワークは、学んだ誰もが同じ結果を出せることから、一般の人はもちろん、現在の施術で結果を出せていない治療家、患者さんを本気で治したい治療家、心の問題を解決する手助けをしたい治療家、習ったその日から施術で結果を出したい治療家、そして、これまで納得できる治療法に出会えてこなかった治療家にも、ぜひ学んでいただきたい治療法です。

魂のワークを学ぶと、体・脳・魂を調和させて、心身のあらゆる不具合を改善できる周波数のエネルギーを手に入れることができます。

そして、それを手に入れることで、誰もが同じレベルのエネルギーワークができるようになります。

魂のワークの施術者を「ソウルワーカー」と呼びますが、基本的にソウルワーカーはみな、同じレベルのエネルギーワークをできる能力を持つことになるため、魂のワーク協会においては会員間に上下の差はなく、みな横一列です。

もちろん、魂のワークで用いている周波数のエネルギーを発見し、それによる施術を体系づけた創始者はいます。

しかし、その創始者も含めての横一列なので、魂のワーク協会ではあえて創始者の名前を公表していません。

それはまた、「自分だけが特別な力を持つわけではなく、誰もがこの周波数のエネルギーを活用でき、それにより愛にあふれる世界が実現できるということを知ってほしい」という創始者の思いを反映させたものでもあります。

私たちの使命は「すべての人に愛のあふれる世界」を実現すること

私たち魂のワーク協会は、体・脳・魂を調和させ、心身の健康を取り戻す魂のワークと、それに関連する技術の普及を主な目的とする団体であり、「すべての人に愛のあふれる世界」を実現することを使命として２０１６年に発足しました。

その前身となったのは、２０１４年に魂のワーク創始者が始めた勉強会で、それが、広告やウェブサイトやＳＮＳなど何の宣伝もなしにクチコミだけで広がった結果、治療家はもちろん医師から家庭の主婦まで、その後の2年間で約２００人ほどが受講することになったのです。

魂のワーク協会が広く伝えたいのは、どこへ行ってもなかなか治らない症状や病気の多くは、たとえ体のものであったとしても、その真の原因は心にあるかもしれないということです。

現代人のほとんどはストレスを抱えていますが、ソウルワーカーは「魂＝潜在意識」に働きかけることで、そのストレスを効果的に解消し、病気から解放された人生を実現する手助けができます。

そして、すべての人が病気から解放されたとき、愛のあふれる世界は自然に実現されるでしょう。

私たち魂のワーク協会は、その提案者として、この魂のワークをともに広げていく仲間を募っています。

また、これまでどこへ行っても治らなかった症状や病気を抱えた人は、この本の内容に納得できたら、ぜひ、魂のワークを施術している治療院の扉を叩いてみてください。きっと、本来の健康を再び手にできるはずです。

次の第1章では、魂のワークの背景にある考え方から説明していきましょう。

第1章

従来の治療法の限界と「魂のワーク®」の可能性

症状からの解放を求めて放浪する人々

たくさんの日本人が共通して悩まされている症状が何か知っていますか？

風邪？　頭痛？

いいえ、答えは腰痛と肩こりです。

厚生労働省による平成28（２０１６）年度の国民生活基礎調査によると、日本人のうち、何らかの症状を持つ人は人口１０００人あたり約３０６人で、男性は腰痛が1位で肩こりが2位。女性は肩こりが1位で腰痛が2位となっています。

腰痛と肩こり——たいしたことのない症状にも思えますが、重症化したり慢性化したりすると実につらいものであり、多くの人が悩まされています。

普通、腰や肩が痛くなってくると、家族に揉んでもらったり、シップを貼ったり、あるいは指圧・マッサージ院や接骨院などで治療を受けたりします。症状がひどいと整形外科に行くかもしれません。

しかし、なかなか良くならず、人によってはどんどん悪化していきます。

多くの日本人が悩まされている症状

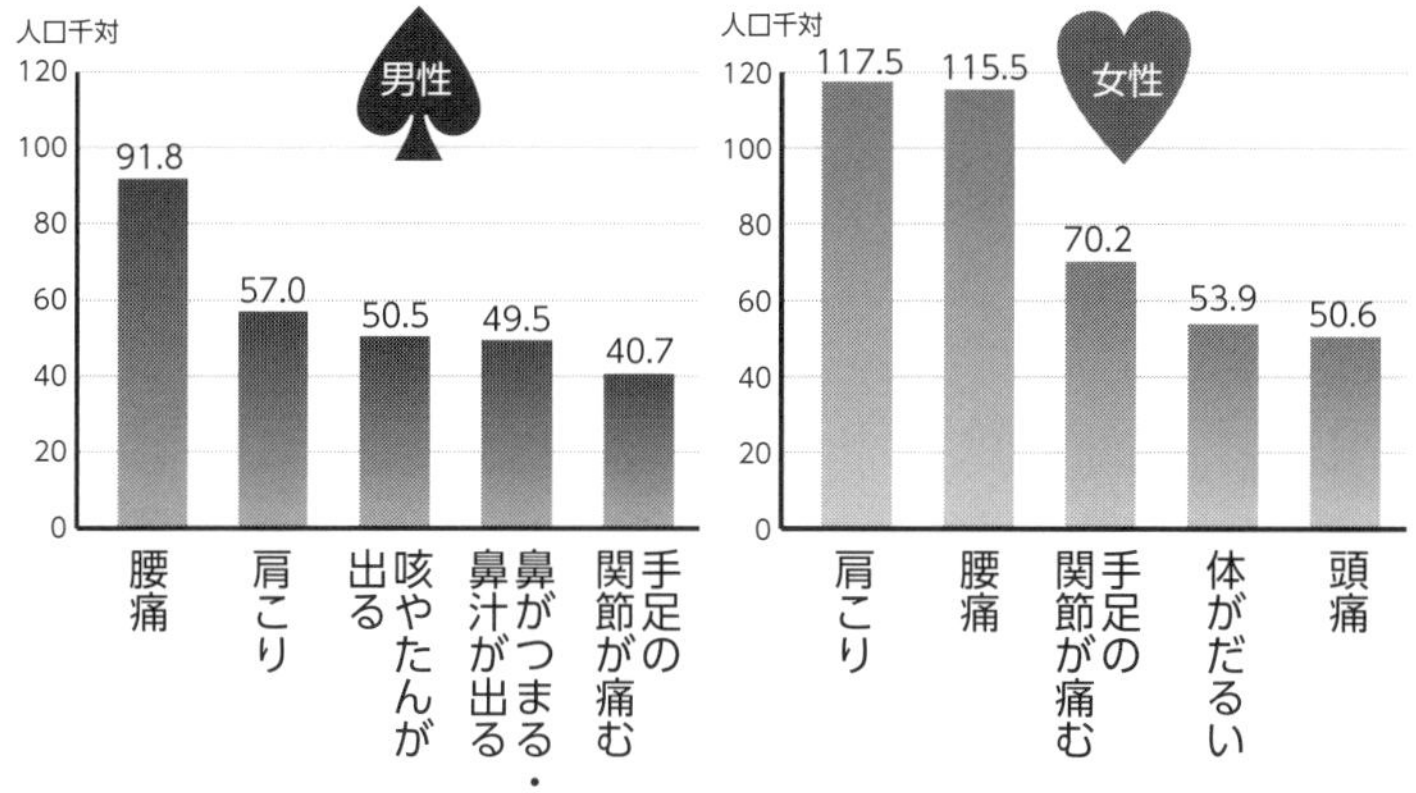

※出典：平成 28 年 国民生活基礎調査の概況

良くならないからこそ、腰痛や肩こりで悩む人はこんなにも多いわけです。

著名な推理小説家の夏樹静子さんは『腰痛放浪記 椅子がこわい』（新潮文庫）という本の中で、痛みのために眠れず、柔らかいイスには座れないほどの壮絶な腰痛に苦しみ抜き、整形外科の他、鍼灸、カイロプラクティック、温熱療法、水泳療法など、さまざまな治療法を「放浪」した経験を赤裸々に記しています。

しかし、どの治療法でも腰痛は改善の気配すら見せず、ほとんど仕事ができなくなった夏樹さんは一時、自殺まで考えたそうです。

重い腰痛を経験したことのない人は「たかが腰痛で？」と思うかもしれませんが、痛みに苦しむ当人からすると、それくらいつらいことなのです。実際、夏樹さんのように、なかなか治らない腰痛を治そうと、さまざまな治療法を試しては失望することを繰り返す人はとても多く、その人たちはまさしく腰痛の救世主を求めて放浪しています。

これは腰痛だけでなく、体に生じるさまざまな痛みの症状についても同様です。

これだけ医療が発達してもなお、多くの「痛みの患者さん」たちが、その痛みからの解放を求めて放浪している現状があります。

一方、志ある治療家たちも放浪している

魂のワーク創始者は接骨院という業界の中で、痛みなどのつらい症状からの解放を求めて放浪する患者さんたちをたくさん目にしてきました。

そして、接骨院の先生方の多くが、そういった患者さんを本気で治す気がないという事実も見てきたのです。

「最初はひざが痛いと来院したおばあちゃんが3か月後には杖をついてきて、さらに3か月後には押し車になった。それでそのうち来院しなくなってね……」

接骨院の業界の集まりではこういう話も出てきます。

「治せなくて残念だ」というのではなく、みんな「まあ、仕方ないよね」という感じなのです。

難しい症状は治せなくても仕方がないという姿勢——残念ですが、これが多くの接骨院の現実だと思います。鍼灸や指圧・マッサージでも、あるいは整体やカイロプラクティック、もしくは整形外科でも同じことでしょう。

創始者はこういう業界の姿勢が嫌で、むしろ難しい症状をこそ治したいと考えて、毎年セミナー代として300万円以上を費やして、さまざまな治療法を学んできました。

そこで出会ったのは、創始者と同じように「何とかして難しい症状を治したい」という志を持ち、さまざまな治療法を学ぶ治療家たちです。

しかし、創始者も彼らも、ある意味では放浪していました。

「何とかして難しい症状を治したい」という志はあっても、どの治療法もいまひとつ決め手に欠けていたために、さまざまな治療法を学び続けていたのです。

治してほしい患者さん。

治したい治療家。

その双方が「難しい症状を治せる治療法」を求めて放浪しているという現実がそこにはありました。

名人技は教えられないし、教えるつもりもない

年間300万円を費やして何年間もさまざまなセミナーを受講していると、見えてくるものがあります。

それは、名人技は決して教えられないということです。

セミナーで教えているような治療家は当然、見事な腕前でしっかり治療成果を出せている人が多いと思います。それは「名人技」と言っていいレベルのものです。

しかし、その名人技を教えることはできません。

そもそも、教えられるなら名人技とは言えないでしょう。

触診の仕方ひとつとってみても、その型は教えられても、その手で何をどのように感じているかを言葉で正確に伝えることは不可能です。

名人がその手で感じている世界と、そうでない人が感じている世界とは、天と地ほどの

違いがあり、その違いを伝えるには言葉はあまりにも無力です。

それは、「甘さ」という味覚を感じたことのない人に、「甘さ」がどんなものなのか言葉で説明するようなものです。かろうじて雰囲気は伝えられたとしても、「甘さ」そのものを正確に伝えることは不可能です。

さらに、ほとんどのセミナーではキモのところを教えるつもりがない、ということも問題です。

「名人技」の世界に達しなくても、多少の訓練さえ積めば、誰もが一定以上の成果をあげられる技術というものはあります。

しかし、そういう技術を簡単に公開してしまっては、セミナーをリピート受講してくれなくなるので、ほとんどの治療セミナーでは、指導者の鮮やかな名人技を披露して受講者に憧れを持たせつつ、キモのところを隠しながら、小出しに技術を教えていくやり方をしています。

これは、ビジネスとしては正解でしょう。

賢いやり方ということになります。

しかし、治療は単なるビジネスであってはならないと思うのです。

こういった実情がわかってきてもなお、魂のワーク創始者はさまざまなセミナーを受講し続けました。それは、セミナー側が出し惜しみしていても、創始者は、その治療法のキモのところをうまくつかみとれたからです。

セミナーで教えられる中で「本当に使える技術」は1割だけだったとしても、創始者は6割を体得して自分のものにしていました。それは、キモのところをつかんでいたからであり、そういった学びの蓄積が現在の魂のワークを育んだ土壌となっています。

マッサージの刺激は心身にマイナスの働きとなる

一部の名人技を除けば、従来の治療法ではどんな症状も根本からは改善できません。それは、体にいいことをやっているつもりで、その逆に悪いことをしているケースが少なくないからです。

おそらく、一般の治療家のほとんどは、自分のやっている治療法が体にいいかどうか確信が持てないまま治療しているはずです。

つまり、ただ教えられた通りに治療をしているだけで、患者さんが治る確証もなく手探りでやっているわけです。残念ながら、そういう現状があります。

さて、専門的には、腰や肩や首が痛んだり動きが悪かったりする症状のことを、まとめて「筋骨格系の症状」と呼びます。筋肉や骨格の症状という意味です。

そして、これを治そうとする場合、当然ながら筋肉や骨格に働きかけることになります。筋肉に働きかける治療法といえば、まずマッサージが思い浮かぶでしょう。

筋肉を揉むと、その部分の血流が良くなり、老廃物が流されて、コリがほぐれて痛みがなくなると言われています。

しかし、本当にそうでしょうか。

血流が良くなるだけでいいなら、半身浴をして、ある程度体を動かすだけでも十分な気がします。しかし、それだけで筋骨格系の症状が治ったという話は聞きません。

もちろん、上手なマッサージは気持ちがいいので、何となく体にいい気がします。子どもの頃、お母さんの肩を揉んで「ありがとう、楽になったわ」と言われた記憶のある人もいるでしょう。

ですが、重い腰痛や肩や首の痛み、あるいはひざの痛みなどがマッサージで完治したという話を聞いたことがあるでしょうか？

マッサージの負のスパイラル

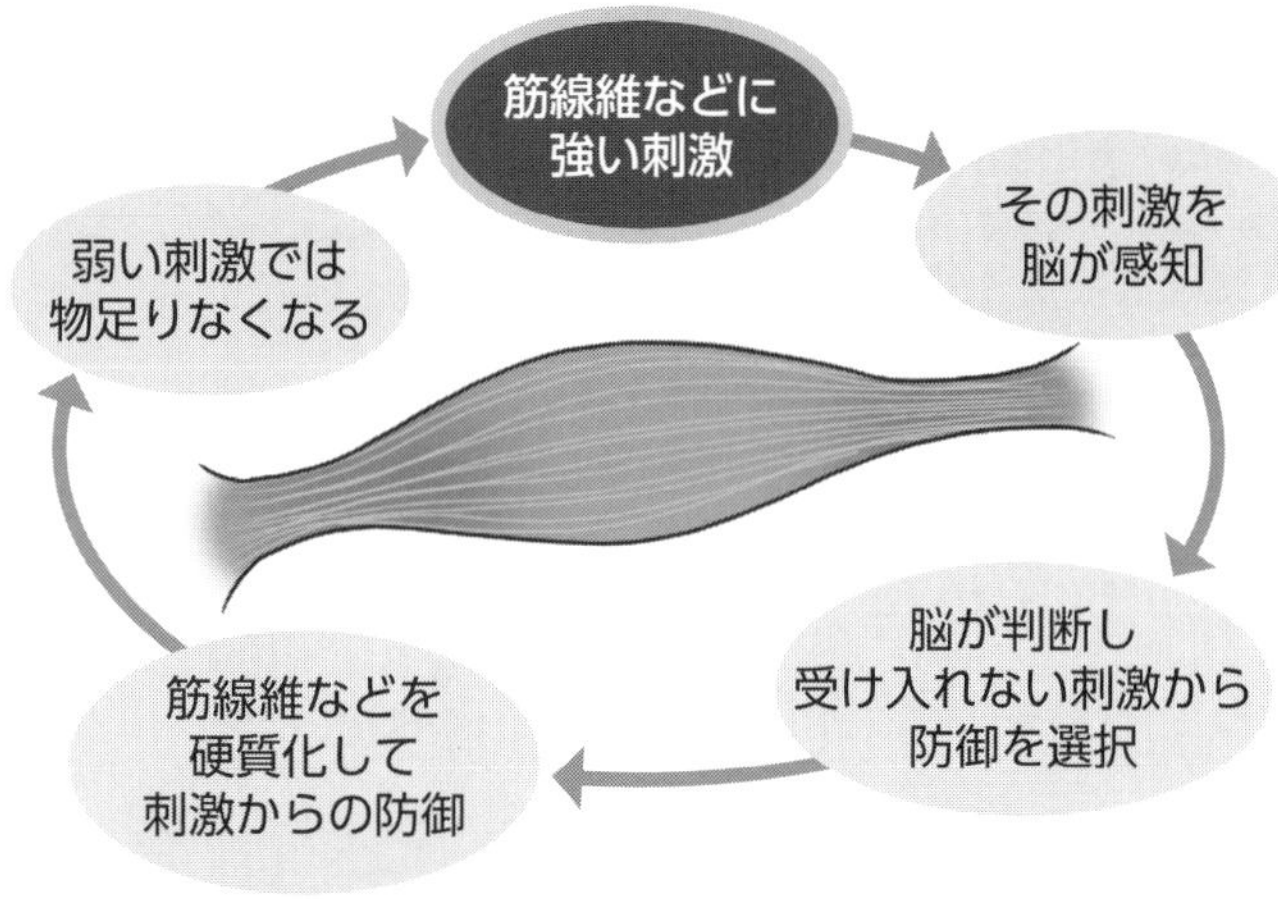

腰や肩が疲れるたびにマッサージに行くという人はいます。そして、確かにその場では楽になります。しかし、何か本格的な症状がマッサージで良くなることはないはずです。それは、心身はマッサージの刺激を受け付けないからです。

魂のワーク創始者はそこを検証するため、「腕がいい」と評判のマッサージ院を何軒か回ってみたことがあります。しかし、どんなマッサージであれ、脳はその刺激を拒否していました。どんなに気持ちのいいマッサージであってもそうです。

創始者はさらなる検証のため、自分の接骨院のスタッフの体を使ってマッサージの心身への作用をチェックしてみましたが、やはり、マッサージの刺激は心身にとってマイナスにしか働いていませんでした。これでは症状が根本から改善することはありません。

単純な話、心身が求めていることを行えば症状は良くなり、心身が求めていないことを行えば症状は変わらないか、悪化していきます。

マッサージに限らず、治療をしても症状が根本から良くならないなら、その「問題」に対する「解答」は合っていないということでしょう。不正解です。

その違う答えを何度も繰り返したところで、症状が改善していくことはないはずです。

レントゲンなしのカイロプラクティックの危険性

では、骨格に働きかける治療法はどうでしょうか？

骨格に働きかける治療法の代表格はカイロプラクティックです。

カイロプラクティックの施術者＝カイロプラクターは、米国など諸外国では医師に準じた資格となっており、正確に治療ができれば一定の効果のあるものだと考えられます。

しかし、実際にはその「正確な治療」が、なかなかできないのです。

たとえば、背骨の並びのゆがみを診るのに、多くのカイロプラクターは背骨の個々の骨(椎骨と言います)の後ろに突き出した棘突起のところを、上から下へスーッと触って判断しています。

このとき、ボコッと右とか左に飛び出した棘突起があれば、その椎骨がズレていると判断して矯正するわけです。

ところが、ここで問題なのは、生まれつきの骨の奇形や、棘突起が右や左に曲がっている人が少なくないということです。

その生まれつきの骨の奇形や、曲がっている棘突起に触れたカイロプラクターは、その椎骨がズレていなくても、「この椎骨はズレている」と判断して矯正するでしょう。

いいえ、それはもはや「矯正」ではありません。

正常な椎骨をわざわざズレさせているわけで、体を良くする代わりにおかしくしてしまっています。

米国などではこういうことのないように、レントゲンで骨の並びを確認しますが、日本のカイロプラクターはレントゲンを撮れないので、そういう確認をしているカイロプラクティック院はほとんど存在しません。

背骨の構造

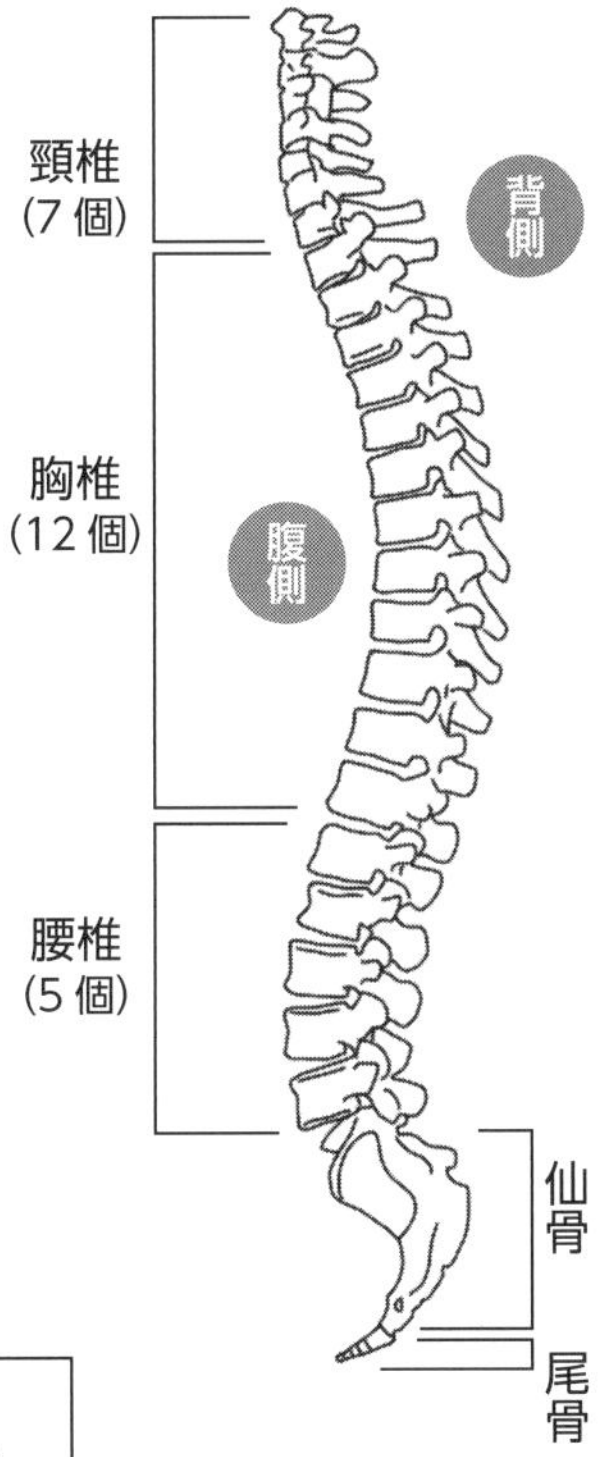

椎骨の構造

(上から見たところ)

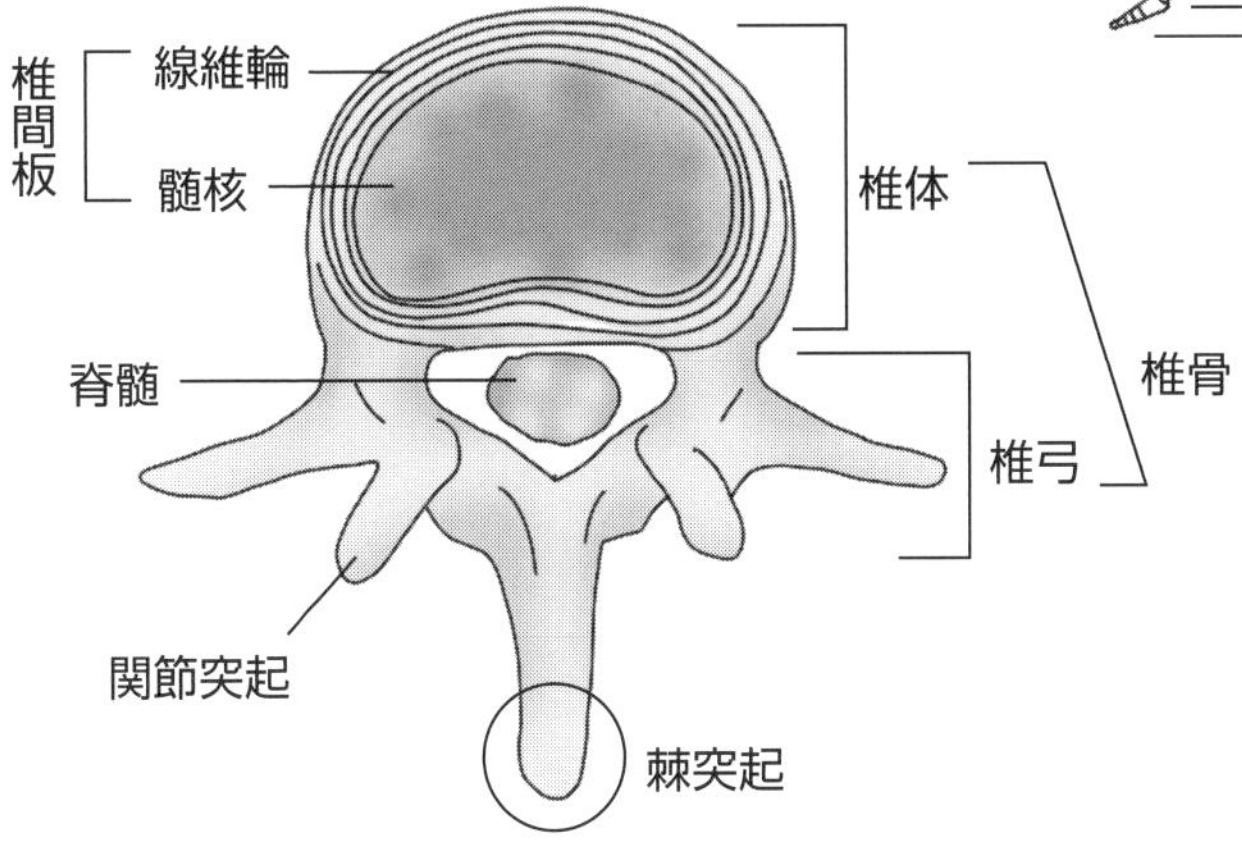

また、仮にレントゲンをきちんと撮っていたとしても、ズレている椎骨だけを正確に矯正できるかどうかという問題もあります。

椎骨は、皮膚と皮下脂肪と筋肉の下にあるので、狙いを定めた椎骨だけを正確に矯正するのは至難の業です。つまり、そもそもカイロプラクティックとは名人だけができる、名人技の世界なのです。

魂のワーク創始者もカイロプラクティックを学んだ一人であり、そのすばらしさは十分に経験しています。しかし、それと同時に、椎骨を正確に矯正できる名人はほとんどいないことも知っています。

創始者がカイロプラクティックを学んだ師は名人と言える存在でしたが、そのお弟子さんの中に、師と同じレベルの治療ができる人は一人もいませんでした。

従来の治療法に欠けていた「パズルのピース」

つらい症状からの解放を求め、さまざまな治療院を放浪する患者さんや、そういう患者さんを治したいと考え、さまざまな治療セミナーを放浪する治療家たち、そして、誰にも真似のできない名人技の世界……。

そういう現状に触れてきた魂のワーク創始者はいつしか、「誰もが同じように結果を出せる治療法を開発したい」という思いを抱くようになっていました。

では、どうすれば、誰もが同じように結果を出せるのか？

従来の治療法、特に筋骨格系の症状を扱う治療法に欠けていた「パズルのピース」があるとすれば、それは何か？

そこを考えていったときに思い至ったのが心の問題でした。

心が軽いと体も軽くなることは誰でも知っています。

そして、10人の人がいれば、その10人ともが何かしら心の悩みを抱えているものです。

これは、どんな人でもそうです。

魂のワークの患者さんの中には総合格闘技の世界チャンピオンもいますが、そういう人であっても、心の悩みやストレスがあります。強い人は強い人なりの「しんどさ」があるわけです。

そんな心の悩みが筋骨格系の症状の原因になっているケースがあり、一部の治療家はそのことに気づいています。

筋骨格系の症状を治療するときに、筋肉や骨格のみへの働きかけで良くなる患者さんはもちろんいますが、それだけで良くならない患者さんもたくさんいるため、「体だけでなく心にも働きかけないといけないのではないか」と、うすうす感じているのです。

おそらく、治療家のみなさんは、心の問題を抱えた患者さんをたくさん見てきているはずです。中には、患者さんの話をじっくり聞いてあげる治療家もいて、その結果、心と体が少し軽くなるということもあるでしょう。

しかし、それだけではなかなか根本的な解決には至りません。

治療家の側もそれがわかっているからこそ、そこを何とかしたいと思うわけです。そういう、志ある治療家はたくさんいます。

魂のワーク創始者もまたその一人でした。

心の問題に気づいた創始者は、少しでも患者さんを楽にしてあげたいと考え、話をしたがる患者さんに対しては時間をかけて耳を傾けました。

中には話しているうちにボロボロと大粒の涙を流す人もいて、話が長時間に及ぶことも珍しくありません。

そうしていくと、患者さんはみな「先生のところでいっぱい話したから心がちょっと楽になった」と喜んでくれます。心が少し軽くなった分、体も軽くなるようです。

しかし、それによって、筋骨格系の症状が根本から改善することはありませんでした。

心が原因で起きてくる体の痛み

医師の多くも、腰痛など筋骨格系の症状を含め、さまざまな疾患が心の問題で起きていることを知っています。近年、心療内科の病院が増えてきたのもそのためです。

心療内科では、心の問題が原因で体に起きてくる動悸や腹痛など、主に内科的な症状を扱いますが、実は内科的な症状だけでなく、腰痛や顎関節症など筋骨格系の症状の多くもまた、心の問題が原因で起きてくると言われています。

最新の『腰痛診療ガイドライン〈2012〉（日本整形外科学会・日本腰痛学会監修）』によると、腰痛の大半は原因の特定が困難な「非特異的腰痛」です。ぎっくり腰や腰に負担のかかる作業の他に、心理的なストレスから来る腰痛も含めると、全体の85パーセントは非特異的腰痛であると結論づけた研究データもあります。

仕事や人間関係のストレスなどによる心理社会的要因が関与していると考えられる腰痛

に対しては、考え方を変えてストレスを軽減させる認知行動療法などの精神医学療法が有効であるとされています。

昔から医学界では、むち打ち・ヘルニア・筋骨格系の症状であっても、同じ状態が3か月以上続くなら、それはうつ傾向が原因だ、と言われています。つまり、医学の世界でも、心の問題が原因で体の痛みが起きてくると明言されているのです。

この章の冒頭で紹介した、夏樹静子さんの壮絶な腰痛の原因もまた心の問題でした。

当初、医師からそのことを指摘された夏樹さんは、自分の腰痛の原因は心の問題などではないと確信していたそうです。

それはそうでしょう。自殺を考えるほどの腰痛が心の問題から来ているなんて、そうそう信じられるものではありません。しかも、夏樹さんは推理小説家として人間心理に精通しているという自負もあったでしょうから、なおのこと信じられなかったはずです。

最終的に、心の問題が原因かもしれないということを夏樹さんは受け入れますが、それからも「放浪」は続きました。

夏樹さんはまず神経精神科で精神安定剤を処方されますが功を奏さず、次にカウンセリングへ。しかし、それも効果なく、次に自律訓練法という自己催眠法の一種や絶食療法を試みました。

しかし、腰痛はなかなか解消されません。

そこで、最後に夏樹さんを診ていた医師は、「夏樹静子のお葬式を出しましょう」と迫ります。この腰痛は、推理小説家である夏樹静子（この名前はペンネームです）という存在がつくり出した病気だから引退しなさいということです。

当然、夏樹さんにとっては受け入れがたい提案であり、3年間にわたって拒否し続けましたが、ついに根負けした夏樹さんは「夏樹静子」を葬る決意をします。

すると、驚いたことに、あれだけ壮絶だった腰痛がその直後に消えてしまい、そこからもう2度と腰痛は再発しませんでした。

一時は自殺まで考えた夏樹さんの腰痛はまさしく心が原因だったわけです。

従来の医療には心の問題を解消する方法がない

夏樹さんの最後の主治医はまさしく名人でしょう。

その後、夏樹さんは復帰を果たしたとはいえ、売れっ子小説家に引退を迫るなんて、よほどの確信がなければできることではありません。

しかし、逆に言えば、こういう名人にでも出会わなければ、心の問題はなかなか克服できないということです。

心の問題に対し、心療内科などではカウンセリングを行ったり、精神安定剤を処方したりしますが、夏樹さんもそうであったように、それだけではなかなか良くならないものです。たとえば、カウンセリングといっても、親しい関係でもないカウンセラーに対して心を開き、包み隠さず悩みを話すというのは難しいものです。

どうしても、どこかよそ行きの顔をしてしまって、問題の核心のところまでは話せないというのが普通でしょう。

それに、意を決して悩みを話そうとしても、そのこと自体がストレスになるので、患者さんの側にもかなりのパワーと覚悟が必要となります。つらい体験であればあるほど話しにくいものです。

ところが、臨床の現場では多くの場合、そういうところまで配慮することなくカウンセリングを勧めてきます。患者さんの置かれている状態が本当にはどんなものなのか、わかっていないのです。

投薬治療だけに頼るのも同じことで、心の問題をそのままにして薬で抑え込んだとしても、それは本当の解決にはなりません。

また、「ストレスのない生活を心がけてください」とアドバイスする医師もよくいます。

それはまさしく正論ですが、仕事や家庭生活にはストレスがつきもので、平均的な暮らしをする人々の実情に目を向けていない理想論でしかありません。

夏樹さんのように十分な蓄えがあり、何年か仕事を休んでも復帰できるような恵まれた環境に置かれているケースを除けば、普通の人がストレスの原因となっている仕事や家事や対人関係などから離れることは容易ではないはずです。

まず不可能と言っていいでしょう。

つまり、従来の医療には、本当の意味で心の問題を解消する方法がなかった、と言っても言い過ぎではありません。

ストレスがあると脚の長さに左右差が生じる

一方、魂のワークでは、心の問題が体にどう影響するかということを目に見える形で確認でき、それがきちんと解消されたこともまた確認できます。

その確認ポイントの一つが、左右の脚の長さの違いです。

カイロプラクティックや整体では、骨盤のねじれを、左右の脚の長さの違いで検査しています。たとえば、右側の骨盤（腸骨）が後下方にねじれていると、それによって右脚が上に引っ張られるので、内くるぶしのところで左右を比較したときに、右脚が見た目上で短くなります。

逆に言えば、右脚が短かければ右骨盤が後下方にねじれているということです。

この場合、骨盤を矯正してねじれを解消すると脚の長さも揃いますが、これが揃わないことがあります。理論と合わない現象です。

魂のワーク創始者がこれを不思議に思い、いろいろな方向から調べていったところ、心にストレスを溜め込んだ人ほど、こういう現象が起きやすいことがわかりました。

ストレスが片方の脚の筋肉を緊張させていたので、骨盤は整っているのに脚の長さに左右差が生じていたのです。

その左右差は数ミリということもあれば、数センチということもあります。

数センチということになれば、ひざや腰に負担がかかり、やがて何らかの症状を招くでしょう。さらに、上へ上へと影響が及び、肩や首にも症状が出てくるかもしれません。たかが数センチと思うかもしれませんが、高さの違う靴を1日中履いて行動するようなものと考えれば、それによる無理な緊張で足腰に問題が生じてくることは容易に想像できるはずです。

このようなストレス状態では、どんなにカイロプラクティックや整体で骨盤を整えても、左右の脚の長さは違ったままなので、腰痛など筋骨格系の症状を避けられません。

数センチの左右差というのは決して珍しいものではなく、たとえば、私たちとご縁のあった、あるライターの方も片方の脚が3センチ短くなっていました。

最初は「特に気になる症状はありません」と言っていましたが、よく話を聞いてみると、過去に2回ぎっくり腰の経験があり、今でも時々、クシャミをしたときに危ういことがあるそうです。また、慢性的な肩こりと頭痛もあります。

3センチの左右差があることを考えると、これで済んでいるのはツイているくらいかもしれません。

魂のワークの施術では、患者さん自身に脚の長さの左右差を実感してもらうために、短い側の足の下に板を置いて立っていただくことがあります。

ストレスによって両脚の長さに差が出る!?

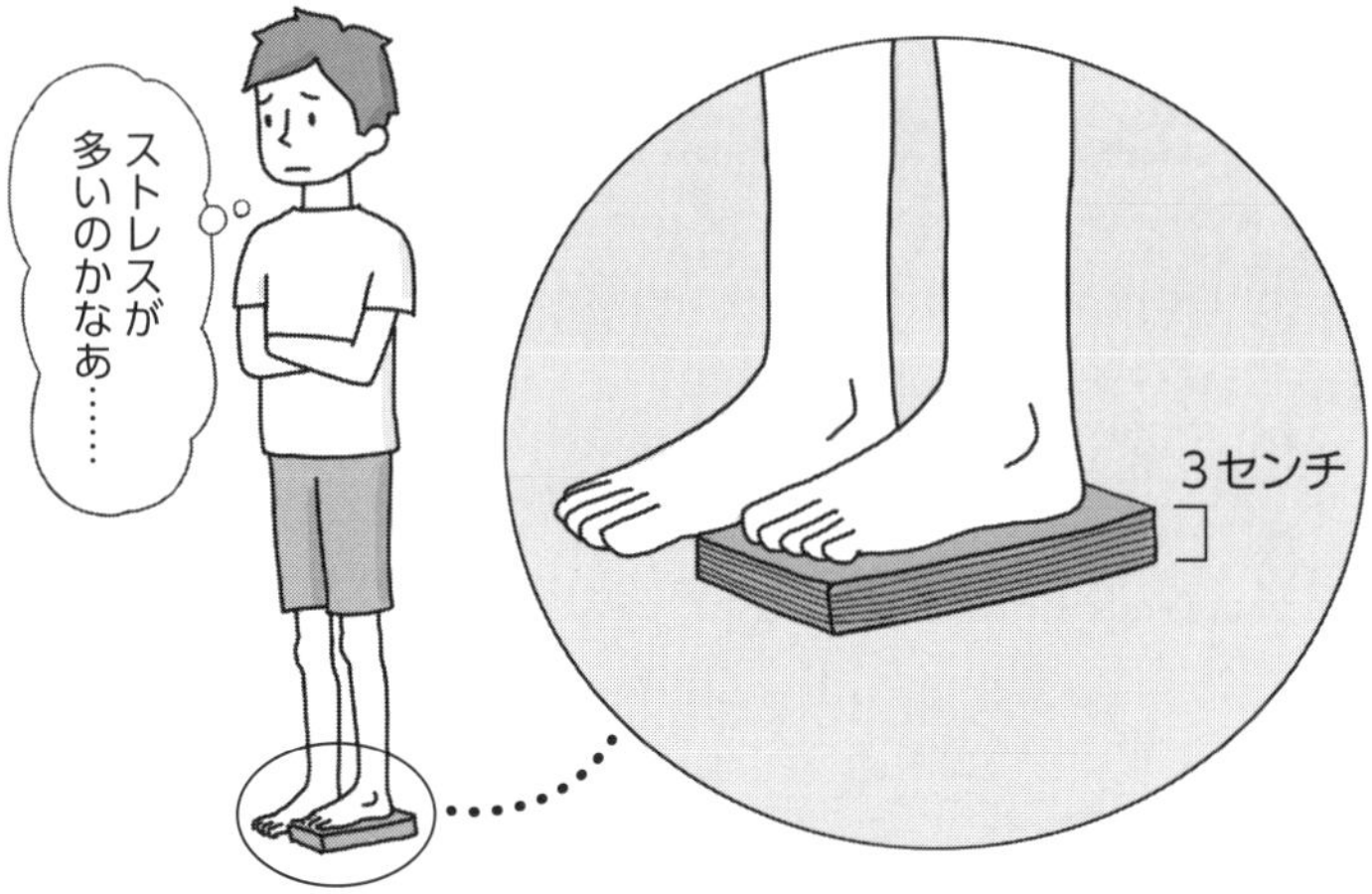

このときは3センチ差だったので、5ミリ厚の板を6枚重ねて、その上に短い側の足を乗せて立ってもらいました。すると、「楽に姿勢良く立てる」との感想。普段は自然と猫背になってしまうのに、自然に姿勢良く立てるそうです。

3センチ差というのは、それなりに大きなストレスがあるに違いありません。実際、ここ数年、大きなストレスを抱えているそうです。

このように、魂のワークでは、心の問題がどう体に影響するかということを目に見える形で確認できます。

「魂＝潜在意識」に働きかけて、心の問題を根本から解消する

魂のワークでは、そのような心の問題を一瞬といっていいほどの短時間で根本から解消できます。ただし、患者さんが同意した上でないと、心の問題に深く踏み込んでいくことはしません。

心を扱うという行為はとてもデリケートなことなので、魂のワークでは患者さんの同意を大切にしているのです。

今のところ、魂のワークを行っている治療院等には筋骨格系の症状の患者さんが多いのですが、施術の中でストレスなど心の問題が主な原因になっていることがわかった場合、魂のワークの手法で一時的にストレスを解除して、患者さん自身に体の症状の改善を実感してもらいます。

その上で、患者さんのほうから、心へのアプローチもしてほしいという希望があれば、その方向での施術を行います。

具体的な方法については第４章で説明しますが、ひと言で言えば、「魂＝潜在意識」に

働きかけることで、心の問題を根本から解消するテクニックです。

なぜ、潜在意識かというと、心の95パーセントは潜在意識と呼ばれる領域なので、そこへ働きかけないことには心の問題は解消されないからです。

それによって心が軽くなると、ストレスによる脚の長さの左右差は整い、患者さん自身もその場で、ストレスやトラウマが解消されたという実感を持ちます。

魂のワークにおける、心の問題の解消手法のもう一つの利点は、患者さんの話を聞く必要がないということです。

先ほども説明しましたが、心の問題を抱える患者さんにとって、心を開いて包み隠さず悩みを話すのはとても困難なことであり、それ自体にかなりのパワーと覚悟が必要とされます。

ですから、ストレスやトラウマの原因を話さなくていいというだけでも、患者さんはだいぶ気が楽になるわけです。

実際、このやり方について、「つらいことを話さなくていいので助かります」という感想を患者さんからいただいたこともあります。

また、患者さんによってはその逆に、1時間話しても、あるいは2時間話しても話し足

りないという人もいます。

もちろん、それで患者さんが良くなるなら何時間でも話を聞きますが、どんなに話を聞いても潜在意識のところまでは働きかけられないので、根本からの解決にはなりません。

それに、現実的には、そういうやり方をしていては、他の患者さんに迷惑がかかってしまうでしょう。

その点、魂のワークでは、ほとんど一瞬でストレスやトラウマを解消してしまうので、患者さんが「そういえばこんなストレスも……」「あんなトラウマも……」と、芋づる式に次々とたくさんの悩みを訴えてきたとしても、短時間ですべてなくせます。

奇跡のような話に聞こえるかもしれません

が、魂のワークでは創始者だけでなく、これを学んだすべての人が同じことをできるようになります。

もちろん、創始者や講師と同じ施術レベルに達するには一定の経験を要しますが、習ったその日であっても、100点満点で60点以上の成果をあげられるのは確実です。

それは、創始者が、誰にでもできるように魂のワークの仕組みをつくり上げていったからです。

次章では、この魂のワークがどのようにして誕生したかということを説明していきましょう。

第2章

「魂のワーク®」はこうして誕生した

「魂のワーク」11の特徴

魂のワークでは、「魂＝潜在意識」へ働きかけるためにエネルギーを用います。このエネルギーは「気」と呼んでもいいし、「生命力」と呼んでもいいでしょう。

そのような、生命に本来備わっているエネルギーを活用した心身への働きかけは「エネルギーワーク」と総称され、古来、世界各地で「手当て治療」などの形で行われてきました。

たとえば、アマゾン奥地のシャーマンが病人の体に手を当て、患部から「良くない精霊」を取り除くのも、中国の気功師が気の力で患者さんの体を動かすのも、あるいは、鍼灸師が鍼によって体を流れる気のバランスを整えるのも、すべてエネルギーワークです。

子どもの頃、転んで擦りむいたひざを「痛いの痛いの飛んでけー」と、お母さんにしてもらった人も多いと思いますが、これも、ある意味ではエネルギーワークかもしれません。

最近では、欧米でもエネルギーワークが盛んになり、それをきっかけに、さまざまな手法がセミナー形式で手軽に学べるようになりました。

ただ、治療としてエネルギーワークを施すのなら、症状を改善できなければ意味がありません。その点で、十分な治療効果を発揮できていないエネルギーワークもたくさんあるようです。

魂のワークは、治療としてのエネルギーワークを極めたものであり、他にはないさまざまな特徴があります。

その特徴を次の11項目にまとめてみました。

(1)手を触れることなく働きかけ、かつ瞬間的に変化が起きる
(2)特別な修行や訓練を行わなくても、誰もがその場で変化を起こせる
(3)体だけでなく心の問題も同時に改善できる
(4)通常なら数時間かかるストレスやトラウマの解消を瞬間的に行える
(5)ネガティブな感情をポジティブに変換できる
(6)痛み、しびれに対応したエネルギーを用いて、それらを瞬時に改善できる
(7)エネルギーワークによる骨格の矯正は難しいという常識をくつがえし、骨格矯正と椎骨の柔軟性の回復ができる

「魂のワーク」11の特徴

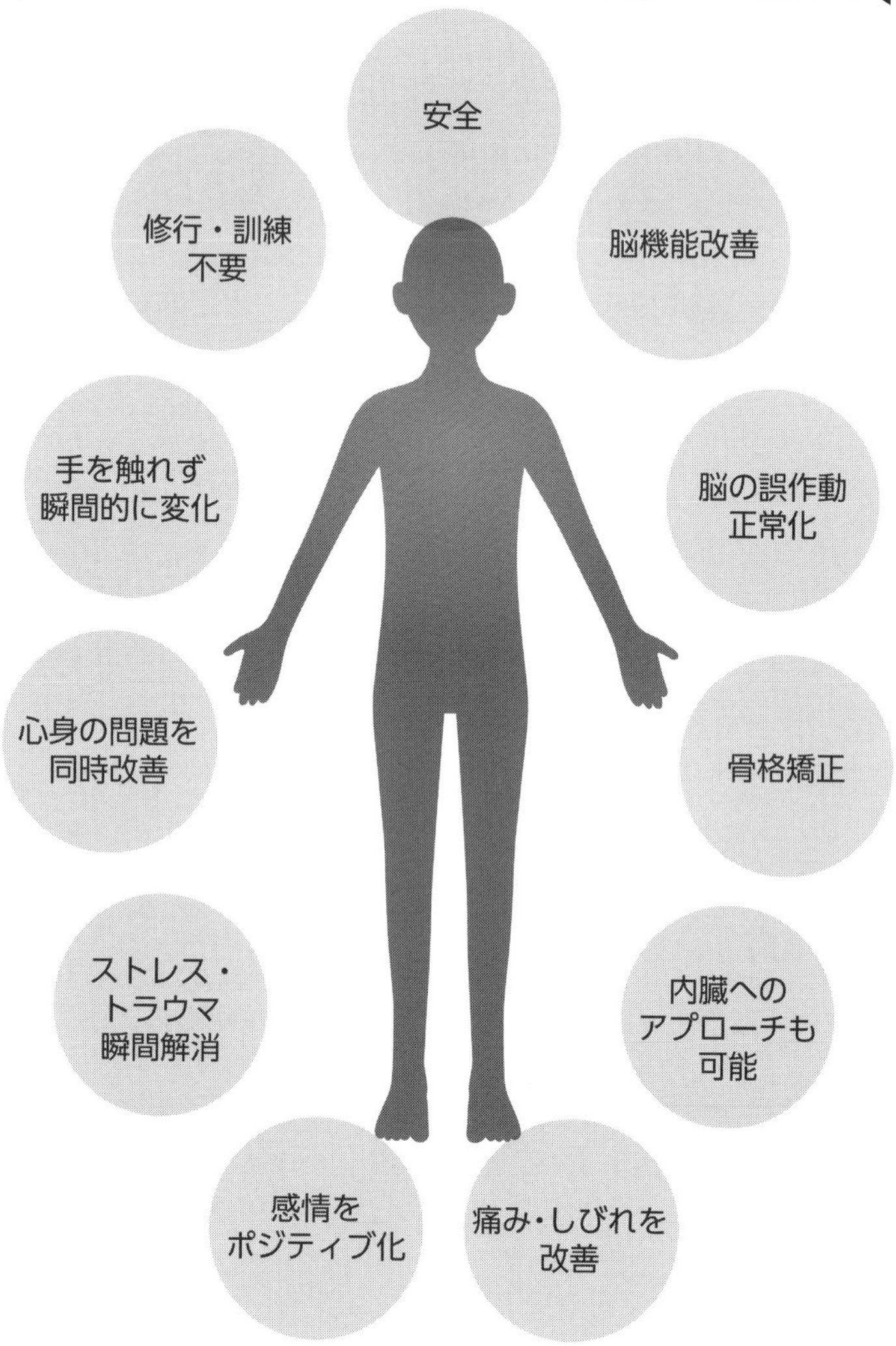
安全
脳機能改善
脳の誤作動
正常化
骨格矯正
内臓への
アプローチも
可能
痛み・しびれを
改善
感情を
ポジティブ化
ストレス・
トラウマ
瞬間解消
心身の問題を
同時改善
手を触れず
瞬間的に変化
修行・訓練
不要

(8) 脳機能に働きかけて患部の修復をうながすことができる
(9) 脳の誤作動を正常化できる
(10) 内臓へのアプローチが可能
(11) 安全なエネルギーワークである

いくつかの特徴については、他のエネルギーワークにも備わっているかもしれません。たとえば、安全なエネルギーワークなら、他にもあるでしょう。しかし、心身の問題を根本から改善させて、患者さんをすみやかに症状から解放することに関しては、他のエネルギーワークにはない優れた特徴を持っていると確信しています。

創始者の父親が持っていた「不思議な手」

治療としてのエネルギーワークを極めた魂のワーク。

その魂のワークが誕生した背景には、創始者の父親が持っていた「不思議な手」の存在がありました。

創始者の父親は鍼灸師でしたが、一般的な鍼灸とは異なる独自の施術を行っており、創始者の家には「末期がんを治していただきありがとうございました」といった内容のお礼のハガキがたくさん来ていたそうです。

そのことに関心を持った子ども時代の創始者が、父親にどういう施術をしているのか聞いたところ、「手をかざすと、ここが悪いなってわかるから、そこへエネルギーを補充してあげればいいいんだよ」という答えが返ってきました。

また、治療院は交通の便の悪い場所にあったにもかかわらず、プロ野球選手が何人か通院していたそうです。しかし、父親がそのことを自慢することはなく、創始者はずっと後になって、母親から聞いてそのことを知ります。

ここまでは、治療名人のエピソードとしてよくありそうな話ですが、創始者の父親は、さらに特殊な力も持っていました。湯飲み茶わんを握らず、手のひらにくっつけて飲んだり、かざした手で戯れ半分に鉛筆をコロコロと転がしたりしていたのです。それは、手から出ているエネルギーの作用によるものです。

子どもの頃の創始者は、大人はみんなそれができると勘違いしていましたが、やがて、自分の父親が特殊であることに気づきました。

ユリ・ゲラーがテレビで話題になったときは、「こんなのはすぐ曲がる」と目の前でスプーンを曲げて見せたこともあったそうです。

そういう家庭環境で育ったこともあり、創始者はエネルギーワークというものを自然に受け入れ、気づいたときには治療の道を志すようになっていました。

そのために必要な資格として接骨院を開業できる柔道整復師を目指しますが、当時はまだ学校の数が少なく、入学に際してハードルが高かったため、いったんは普通の会社に就職します。

その後、規制緩和によって学校が増えたことを契機に、柔道整復師の学校へ入り、創始者は本格的に治療の世界へ足を踏み入れることになりました。

「魂＝潜在意識」へ働きかける周波数の発見

創始者は接骨院を開業した当初からエネルギーワークを施術に取り入れていましたが、その段階ではまだ魂のワークは誕生していませんでした。

第１章でも述べたように、創始者は接骨院開業後も新たな学びをやめることはなく、毎年、年間300万円ほどもかけて各種の治療セミナーを受け続けました。

受講したセミナーには、気功やヒーリングなど各種エネルギーワークの他、カイロプラクティックなどエネルギーを用いないものも多数あり、やがて、それらを統合した施術を創始者は行うようになります。

さらに、治療関係の学びだけでなく、密教や古神道といった伝統的宗教に伝わる精神修養法や霊的行法、そして、癒しの術についても師に付いて学んだ他、武術家でもあった父親が行っていた活法（武術的整体法）も施術に取り入れていきました。

そうしていくうちにわかってきたのは、「魂＝潜在意識」に働きかけることなしに、本当の意味で心身が根本から改善することはないということです。

そして、「魂＝潜在意識」に働きかけるには、そのための周波数が必要だということもわかりました。

すべての存在は「波」を発していると言われていますが、その「波」の振幅の速さのことを周波数と言い、個々の存在にはそれぞれ固有の周波数があると言われています。

であれば、「魂＝潜在意識」へ効果的に働きかけられる周波数もあるはずです。

そう考えた創始者はさまざまな周波数のエネルギーを試し、また、その周波数を発動させる方法を探っていきました。

そのようにして発見されたのが、現在、魂のワークで用いているいくつかの周波数です。先ほど紹介した魂のワークの特徴の数々は、この周波数の発見によって実現したものと言っていいでしょう。

私たちは科学者ではないので、ここでいう「周波数」が、科学で定義するものと同じかどうかはわかりません。また、魂のワークで用いているエネルギーについても、科学的に説明するのは難しいものがあります。

ただ、このエネルギーを科学的に研究したいと、大学などの研究機関から申し出があったなら、可能な範囲でそれに協力したいと考えています。

従来のエネルギーワークは「癒し」はできても「治療」ができない

魂のワークのエネルギーは体の外傷にも即効性を発揮します。

外傷というと血の出るようなケガをイメージしますが、ここでいう外傷には、筋肉や骨のケガ全般も含まれます。たとえば、ねんざや肉離れ、ぎっくり腰などもすべて外傷にあたるわけです。

従来のエネルギーワークは、そのような外傷を改善できませんでした。エネルギーによるヒーリングを行うと、心や体が少し楽になったり、不思議な感覚を体験したりしますが、外傷のある患者さんにとって、それは「癒し」ではあっても「治療」ではありません。

一方、魂のワークのエネルギーを用いると、その場で痛みがなくなったり、骨格のゆがみが整ったり、筋肉のケガがすみやかに回復したりします。

魂のワーク創始者は接骨院を営んでいますが、そこに来る患者さんの多くは、体の痛みや動かしにくさの解消、そして、ケガのすみやかな回復を期待して来院するため、それができるエネルギーワークでなければ使い物にならないのです。

これは、接骨院だけでなく、鍼灸や指圧、整体やカイロプラクティック、それから病院などでエネルギーワークを行うとしても同じことでしょう。

従来のエネルギーワークは「治療」としてのニーズに対して、十分に応えられるものではありませんでした。

では、魂のワークでは、どれくらいの早さで治っていくのか？

創始者に関して言えば、どんな症状であっても、多くて2回ほどの施術で解消させています。

ある症状が解消された後で、また別の症状の治療を希望された場合は、その新たな症状の施術のために通院してもらうことはあります。また、メンテナンスのために通院を継続してもらうこともあります。

しかし、一つの症状については、２回ほどの施術でほとんど解消させているのです。これは創始者だけができる名人技の話ではなく、魂のワークを学んで一定の経験を積んだ人であれば、一つの症状については、数回以内の施術で短期間のうちに解消させられます。

その場でストレスやトラウマがゼロになる

第1章でも触れたように、魂のワークは「魂＝潜在意識」へ働きかけることで、効果的にストレスやトラウマ、さらに、わだかまったマイナスの感情などを解消させられます。

その際、ストレスやトラウマの原因となっている過去のつらい出来事などを話す必要はないため、患者さんにとって負担がありません。

ストレスやトラウマを解消すると、それに伴って生じていた心身の症状が改善するだけでなく、患者さん自身もそれが解消されたことを、その場で実感できます。

たとえば、つらいことを思い出したときのストレス度（嫌な感じ）を「10」という数値で表すとしましょう。「0」がストレスなし、「10」がそのことについてのストレスの最大値というイメージです。

患者さんに、つらいことを思い出してもらいながら、「魂＝潜在意識」へ働きかける周波数のエネルギーを発動させると、この「10」の数値が「0」かそれに近いところまで小さくなります。この数値は患者さんの自己申告です。

1回では「0」にならなくても、その場で何回かエネルギーの発動を繰り返すと、ほとんどの場合は「0」になります。

もちろん、「0」になっても、過去のつらい出来事の記憶がなくなるわけではありません。しかし、それを思い出しても、もはやストレスを感じなくなるのです。

これは体験してみないと、なかなかわからない感覚でしょう。

先に紹介したライターの方は、このストレスの解消を体験して、「つらい出来事の記憶は思い出せるのに、その記憶の中身がスカスカしている感じで、そこからマイナスの感情

記憶はそのままなのに
ストレス・トラウマだけが消える

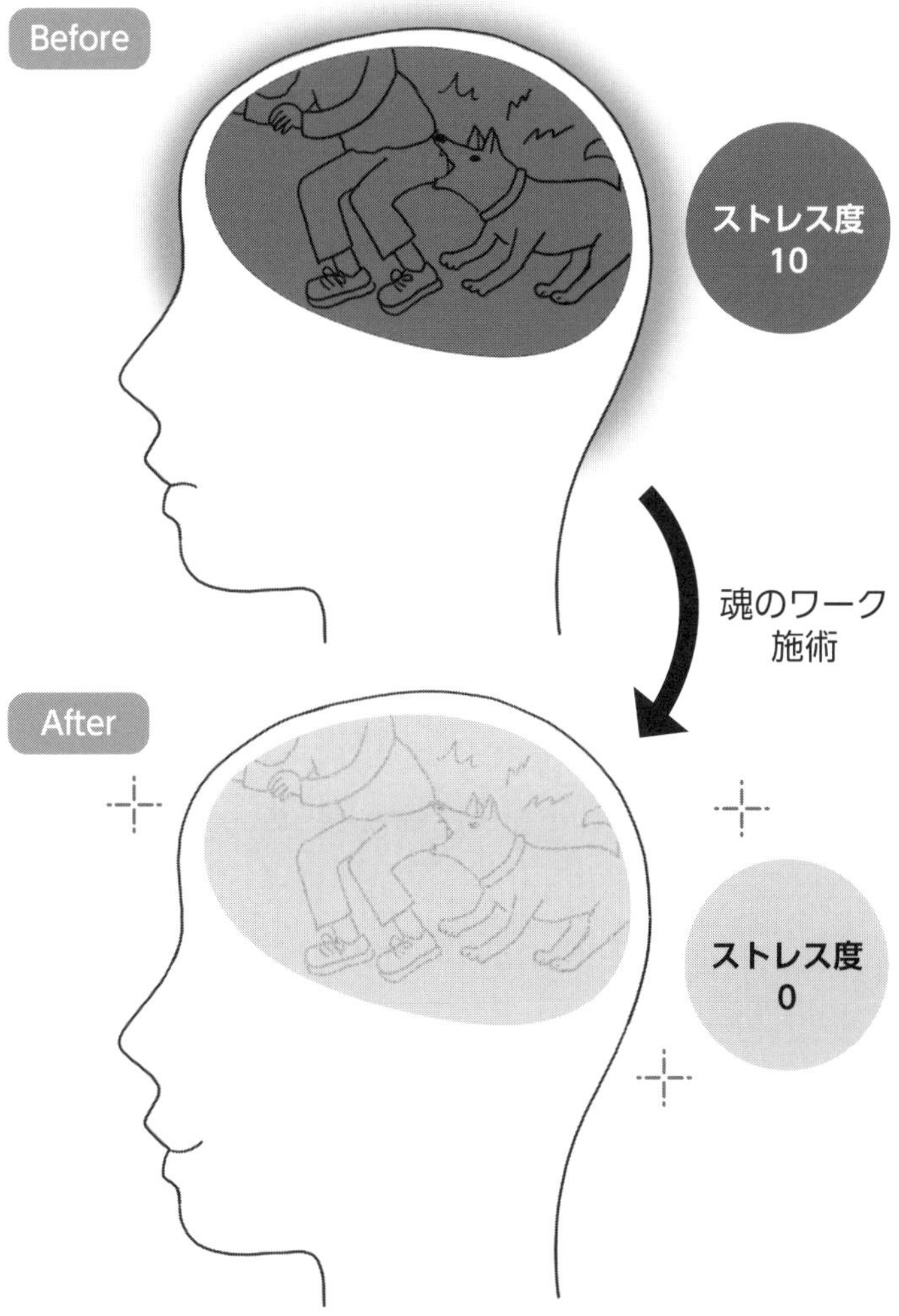

が湧きおこったり、ストレスを感じたりしなくなった」という感想を述べています。

この感想は、ストレスやトラウマやマイナスの感情の解消が、どういう感じなのかを理解する参考になるかもしれません。

その人にとって「必要な試練」を解消してはならない

魂のワークの施術では、ストレスやトラウマ、そして、わだかまったマイナスの感情は心身にとって基本的にマイナスに働くものと考え、患者さんの同意を得た上で、積極的に解消していきます。

つらい体験をいつまでも心の中に抱え込んで苦しみ続ける必要はないからです。

ただし、つらい体験が、人生にとっての「必要な試練」として起きている場合は例外です。

たとえば、野口英世は、左手に大やけどを負わなければ医師を目指すこともなく、世界的な細菌学の研究者にはならなかったでしょう。

ベートーヴェンは、難聴になったことで演奏家から作曲家への転身を図りますが、もし難聴にならなければ歴史に残る名曲の数々は生まれなかったかもしれません。

ヘレン・ケラーは、1歳半のときにかかった病気で視覚と聴覚に障害を負いますが、その経験がなければ、世界各地を歴訪して障害を持つ人々への教育・福祉の発展に尽くす社会福祉活動家としての彼女は存在しなかったはずです。

著名な偉人のケースを例として挙げましたが、同じことは誰にでも言えます。

そのように、つらい体験がバネとなってその人を成長させるケースでは、その体験によるストレスやトラウマ、わだかまったマイナスの感情などを、安易に解消してはならないのです。

以前、魂のワークを学んだ人が、まさにその「必要な試練」として起きている体験のストレス・トラウマを解消しようとしていました。

創始者はそれを制して理由を説明しましたが、ソウルワーカー（魂のワークの施術者）が、患者さんのつらい体験を「必要な試練」かどうか判断できない場合、同じ間違いが起きないとも限りません。

そこで創始者は、患者さんにとって「必要な試練」であれば、そのストレス・トラウマなどを解消できないという設定をエネルギーの中に組み込みました。

つまり、現在の魂のワークは、患者さんにとって「必要な試練」であれば、そのストレス・トラウマを解消できないようになっています。

ただ、実際のところ、つらい体験の中に「必要な試練」というのはほとんどありません。

たとえば、いじめは必要でしょうか？

確かに、いじめられた経験をバネにして、いじめ被害者を支援する活動に向かうような人はいます。しかし、ほとんどの場合、いじめられた経験は単にトラウマとして残るだけで、それをうまく処理できないまま大人になると、その後の人生も苦労することになります。

そこで、魂のワークでは患者さんの同意の上で、つらい体験によるストレス・トラウマをどんどん解消していきます。「必要な試練」によるストレス・トラウマをうっかり解消してしまう心配がないので、安心してそれができるのです。

逆に言えば、魂のワークのやり方で解消できるストレス・トラウマは、その患者さんの人生には必要ないものということです。

エネルギーの感覚は共有できない

さて、エネルギーワークを教えることには、かなりの困難が伴います。

鍼灸や指圧、あるいは整体やカイロプラクティックなどは、皮膚や筋肉や骨といった実体のある対象へ、鍼を刺したり圧をかけたりと物理的な刺激を加えるため、手取り足取りで教えることができます。

しかし、エネルギーというものは、そのように客観的にはとらえられません。

あくまでも感覚的につかむしかなく、それを教えるのは至難の業です。

感覚を共有できればいいのですが、それも無理な話です。

たとえば、皮膚で感じている温度感覚を共有できるでしょうか？

小春日和の屋外で「暖かい」と感じる人もいれば、「まだ肌寒い」と感じる人もいるでしょう。あるいは気温で表すなら、「23度くらいかな？」と感じる人もいれば、「いや、20度くらいでは？」と感じる人もいるはずです。

これがエネルギーの世界なら、感覚の共有はもっと困難です。

エネルギーが出ているか、出ていないか？
エネルギーの強さはどれくらいか？
エネルギーの質はどうか？
エネルギーの周波数は？
エネルギーに含まれている情報は？

……こういったすべてを感覚としてとらえ、それを共有することはほとんど不可能です。

ですから、エネルギーワークのセミナーなどを受講しても、ほとんどの人は、自分がエネルギーを出せているのかどうかもわからず、それがどういう働きを持つのかも確信が持てないまま帰ることになります。

これでは、自信を持ってそのエネルギーを「治療」に使うことなどできません。

もともと特殊な感覚を持つ人や、訓練を積んだ人はエネルギーを敏感にとらえられることもありますが、その場合でも、セミナーの講師がエネルギーを感じている感覚と自分の感覚とを共有できないため、本当にきちんと体得できているか自信を持てないことになるでしょう。

創始者の名人技を誰もがそのまま再現できる

魂のワークはエネルギーワークの一種ですが、従来のそれとは異なり、感覚の共有を必要としません。それは、エネルギーを感覚としてとらえられなくても施術ができる仕組みになっているからです。どういうことでしょうか？

たとえば、通常のエネルギーワークでは、手のひらを患者さんの体にかざしてエネルギーの過不足を調べ、良くないエネルギーがあればそれを抜き取ったり、不足があればそこへ補充したりします。

しかし、これではエネルギーの感覚がわからないとどうにもなりません。

そこで、魂のワークでは、たとえエネルギーの感覚がわからなくても、創始者のエネルギーワークと同じことができる仕組みを工夫しました。

ゲームで、Ａボタンを押すとパンチが出て、Ｂボタンを押すとキックが出るように、ソウルワーカーがある操作をすると周波数が発動してエネルギーが働き、必要なことが自動的に起きる仕組みになっているのです。

これなら、特殊な感覚を持っていなかったり、エネルギーを感じる訓練を積んでいなかったりしても、誰でもすぐに「治せるエネルギーワーク」、つまり、創始者と同じことができるのです。

施術がうまくいったかどうかは、体の各部の動く範囲を調べる検査などで確認できる他、ペインスケールという指標で患者さん自身にも判断してもらいます。

この方法の最大のメリットは、エネルギーを感じる訓練に時間をかける必要がないということです。習得に長い年月のかかる治療法では一部の名人だけのものになってしまい、多くの悩める患者さんたちを助けることができません。

その点、魂のワークは誰もが短期間で習得できて、きっちり治せるようになります。それは、創始者の名人技を誰もがそのまま再現できる仕組みがあるからです。

「アプリ」感覚で必要な周波数のエネルギーを発動

ここでいう「創始者の名人技を誰もがそのまま再現できる仕組み」を、スマホのアプリにたとえてもいいでしょう。

アプリをつくるには、それにどういう機能を持たせるかをまず考え、その機能を実現するための構成を設計し、そのように動作するプログラムを書きます。

そして、利用者がそのアプリ（＝プログラム）をスマホにダウンロードすると、後は難しいことを考えなくても、画面上のボタンなどにタッチするだけで、そのアプリの機能を使えるわけです。

魂のワークを教えるときにも、ちょうどこれと似たことを行っています。

創始者が長い年月をかけてつくり上げたエネルギーワークを行うためのマインド（理論・概念）を受講者の潜在意識にインストールすると、創始者と同じマインドを共有することになるので、後はそのマインドを作用させる方法を学ぶと、魂のワークに必要な周波数のエネルギーを発動させられます。

マインドを作用させる方法といっても何も難しいことはなく、それこそスマホアプリのボタンにタッチする感覚で、誰もが治療に必要な周波数のエネルギーを発動させられるのです。

魂のワークの「アプリ」にはいくつかの種類があり、周波数を発動させるものの他、本来ならエネルギーを敏感に感じとる能力を必要とする検査を自動的に行ってくれる「アプ

アプリ感覚で創始者と同じエネルギーが発動

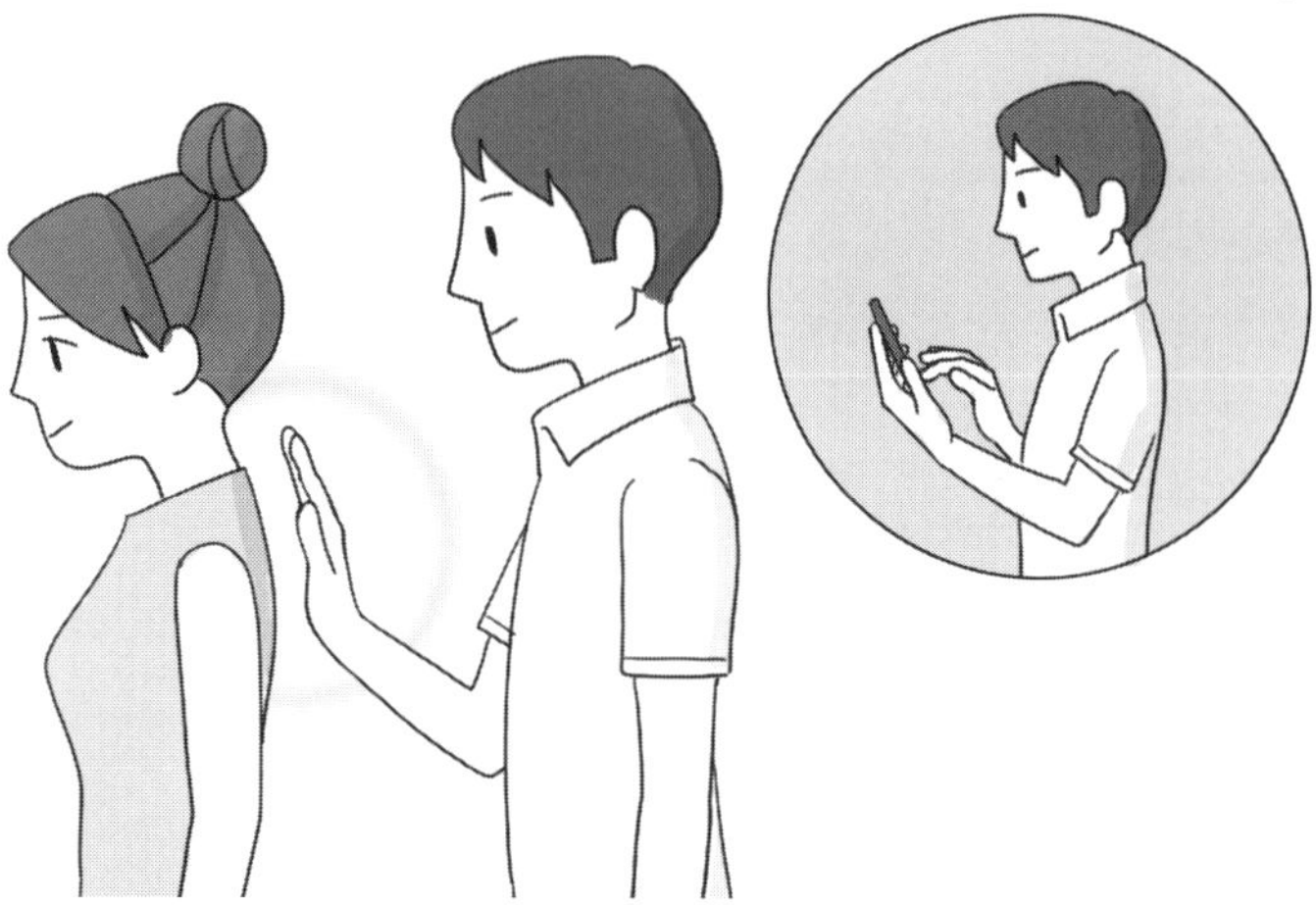

リ」もあります。

それらにより、エネルギーの感覚をつかめなくても、十分に治療効果のあるエネルギーワークを誰もができるわけです。

第1章で、魂のワークは習ったその日であっても、100点満点で60点以上の成果をあげられると述べましたが、それは、こういう仕組みがあるからです。

では、100点満点で60点だとすれば、残りの40点はどのように補うのでしょうか？

この「60点」というのは、まったくの治療未経験者であっても実現できる治療レベルの目安であり、すでにプロとして治療経験を積んでいる人なら、もう少し高い点数になるはずです。

また、最初は60点であっても、施術の経験を重ねて治した経験を積んでくると、マインドが強化されて創始者のレベルに近づいていきます。

これは、スマホアプリを何度も使って操作に慣れてくると、機能をうまく使いこなせるようになるようなものです。

なお、マインドを作用させる方法を間違えてやってしまったとしても、現象として何も変化が起きないだけで、心身に不具合が生じることはありません。これもアプリと同じことで、機能としてそこに設定されていること以外の現象は起きないということです。そのため、治療未経験者であっても安心して施術を行うことができます。

他の伝授系エネルギーワークとの違い

エネルギーワークの中には、エネルギーを発動させる能力を伝授するものがあり、これは魂のワークで行っていることに少し似ています。

ただし、それらの伝授では、伝授する側のエネルギーのクセのようなものが混じった形で伝わってしまうようです。

このあたりは感覚の世界になってきますが、さまざまなエネルギーワークのセミナーを学んできた魂のワーク創始者はそう見ています。

そのように、伝授によって能力を伝えている治療法では、どうしても伝授者個人のクセが混じってしまうため、創始者と同じレベルの治療にはならないでしょう。

また、そのエネルギーワークの創始者から伝授を受けたとしても、患者さんへの施術のときに、今度は治療家自身のエネルギーが混じってしまうので、やはり、創始者と同じレベルの治療にはなりません。

一方、魂のワークにおいて、受講者の潜在意識にインストールするマインドはまさにアプリのようなものであり、誰から伝えられても、その内容が違ってしまうことはありません。

同じアプリであれば、iPhoneの「App Store」からインストールしても、Androidの「Google Playストア」からインストールしても同じ内容です。

ちょうどそれと同じことで、魂のワークの施術に必要なマインド（アプリ）については、創始者からインストールされても、他の講師からインストールされても、まったく同一の内容であり同じように機能します。

なお、魂のワークのマインドをインストールできる能力は、それ自体をマインドとして、創始者が講師の潜在意識にインストールしています。

魂のワーク誕生までの試行錯誤

創始者のマインドを受講者の潜在意識にインストールするという発想は、魂のワークが誕生する以前、創始者が治療法の指導を請われたことがきっかけで生まれました。

「先生（創始者）のやっている治療法をすべて教えてほしい」

そう請われた創始者は、長年の修行で体得したものをどう教えたらいいか悩んだ末、同じような修行をさせてしまってはあまりに時間がかかると考え、修行で体得したマインドを、そのまま受講者の潜在意識にインストールすることを思いつきました。

自身が苦労してエネルギーワークを体得しただけに、同じ苦労をさせたくないという思いも胸中にありました。

しかし、マインドをインストールするということが、最初からうまくいったわけではありません。

当初、自分の接骨院のスタッフに対してマインドのインストールを試みましたが、思うような結果が出ず、何度も試行錯誤を繰り返しました。

まず行ったのは、「魂＝潜在意識」に働きかけたり、痛みを解消したりするための周波数を明確にすることです。「この作用を起こすには何ヘルツ（周波数の単位）を使う」といった対応関係をこつこつと検証していきました。

次に、治療の内容に応じて、それらの周波数が自動的に選択されて発動するような一連の仕組みを設計図のような形で描きました。

その結果、ボタン一つで複雑な治療プロセスを自動的に行ってくれるようなマインドが完成しました。まさに「アプリ」のようなものです。

そして、それをいったん「意識場」というバーチャル（仮想的）な空間に置き、アプリのようにパッケージ化した上で発動させることで、インストールが可能となりました。

――魂のワークの誕生です。

魂のワークのセミナーは最初の30秒で90パーセントが終わる

マインドのインストールが可能となったことで、２０１４年に魂のワークは産声を上げました。

当初は勉強会的な集まりとして始まりましたが、その頃も今も、セミナーが始まって最初の30秒ほどで、内容の90パーセントほどが終わってしまうことは変わりありません。

マインドを受講者にインストールすると、創始者と同じレベルの治療ができるようになるので、それだけでもうセミナーの90パーセントは終わったと言っていいわけです。

残りの時間は、実際の施術の流れを追いながら、そのマインドの使い方を学ぶことに費やされます。

アプリでたとえるなら、まずインストールして、その後に基本的な使い方と、応用的で便利な使い方を学ぶようなものです。

後は、持ち帰ったテキストを見てその通りにやってもらうと、誰もが60点以上の治療成果をあげることができます。

60点以上といっても創始者の治療レベルを100点とした場合の60点ですから、他の治療法と比べると100点超の治療レベルといって差し支えないでしょう。

事実、魂のワーク協会所属の治療家からは、常識では考えられないほどの改善のしかたをしている症例が多数寄せられています。

次の章では、本書特典の「天地人つなげる力（エネルギー調整シール）」を用いて、魂のワークで用いているエネルギーの一端を体験する方法と、その活用法についてご紹介しましょう。

第3章

本書特典

「天地人つなげる力（エネルギー調整シール）」で、エネルギーの効果を体感する

日本人は昔から丹田のエネルギーを活用してきた

魂のワーク創始者の父親が「不思議な手」を持つ鍼灸師だったということは第2章で触れましたが、創始者の祖父が剣術道場を開いていたこともあり、父親には武道家としての顔もありました。

父親は、子どもの頃の創始者に「天と地をつないで、丹田に力を込めて右に回転させると丹力が使える」と教えたことがあります。

丹田というのは下腹にあるエネルギーの中枢とされ、東洋医学や武道などの世界ではその養生や修練が重視されています。

丹田が十分修練されると、丹力という人並外れた力が使えるようになるとも言われ、一部にはそのエネルギーを自在に操って人を治す特殊能力を発揮する人もいます。創始者の父親もその一人だったようです。

日本人は昔、天と地からエネルギーを体内に取り入れて丹田で右回転させ、その力を生活に生かした他、武道などに使っていました。

第 3 章　本書特典　「天地人つなげる力(エネルギー調整シール)」で、エネルギーの効果を体感する

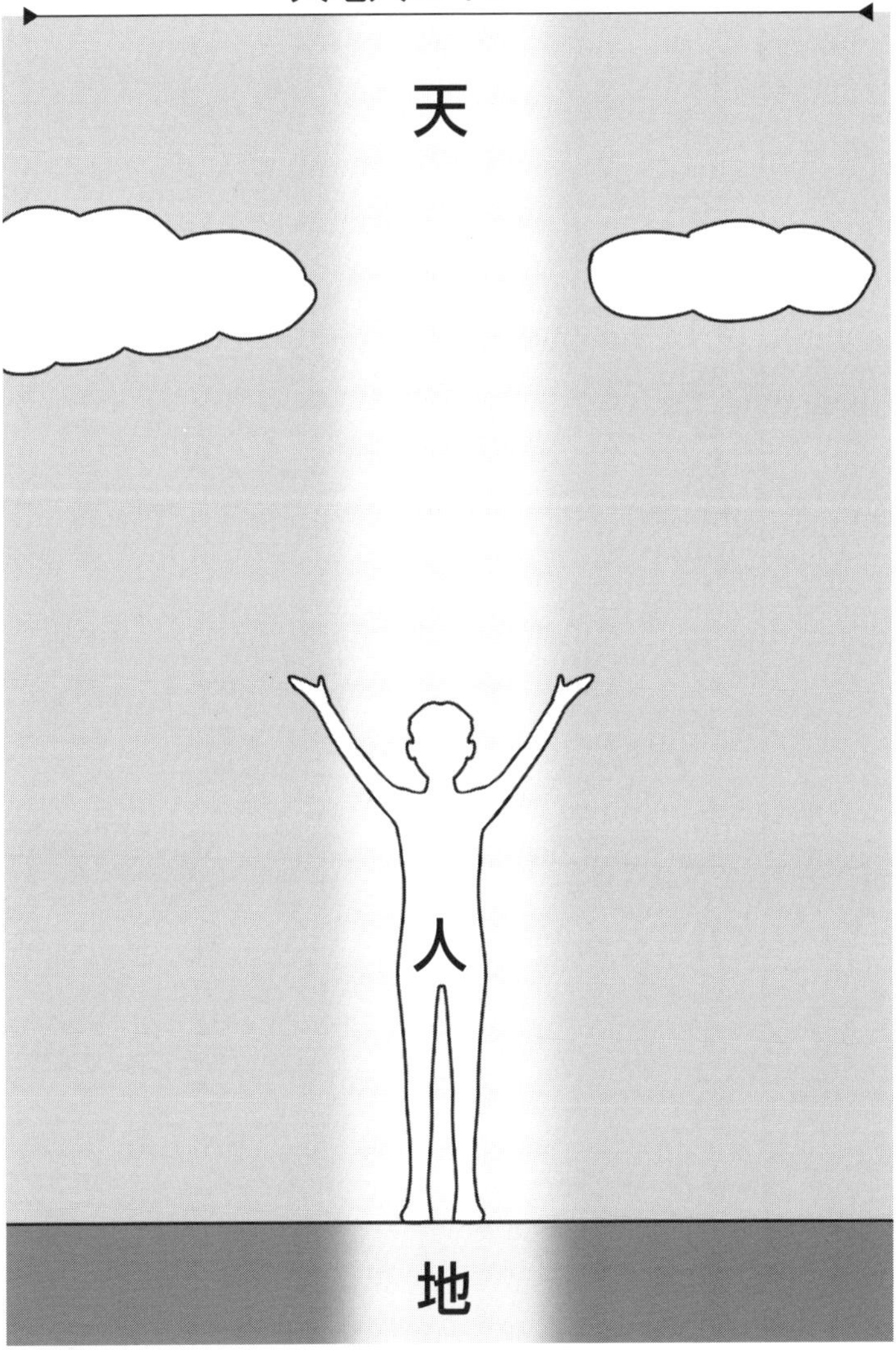

昔はお侍さんがいましたが、刀を振るうときにも、この丹田がしっかりしていないといけません。丹田ができていると体の芯（軸）が生まれ、うまく体を操れるようになるからです。

芯は「神《しん》」にも通じます。神業としか言いようのない武道の達人の妙技は、まさに丹田あってのものです。

丹田ができて体の芯が生まれることを、現代では「体幹が安定する」と表現しています。体幹が安定すると、運動時に物や他の人と接触しても転倒しにくくなる他、疲れにくくなったり、あるいはパワーが増したりします。さらに、野球やゴルフではスイング速度が速くなって飛距離が増したり、ジャンプが安定して高く飛べるようになったり、水泳の飛び込みが安定したりします。

「丹田ができている状態」のエネルギーをシールにインストールする

丹田ができることによるこういった効能を、身をもって知っていた創始者は、スポーツをやっている患者さんに丹田を修練する方法を伝えましたが、うまくできる人はほとんどいませんでした。

修練自体をマスターすることに時間がかかるので、多くの人は成果が出る前にあきらめてしまうのです。

武道の師弟関係であれば、成果が出るまで取り組ませることもできますが、治療家と患者という関係ではそれは難しいでしょう。

そこで創始者は、修練が難しいのであれば、「すでに丹田ができている状態」のエネルギーをマインド（アプリ）として何かの物体にインストールすればいいと発想しました。

そうすれば、その物体が相手の「魂＝潜在意識」へ作用して、「すでに丹田ができている状態」になると考えたのです。

そうやって誕生したのが、この本に特典として付けた「天地人つなげる力（エネルギー調整シール）、以下『エネルギー調整シール』」です。

天地人とは、天と地の間に人がいるという意味で、丹田を表すと同時に宇宙の万物を表す言葉でもあります。

このシールには「すでに丹田ができている状態」のエネルギーがマインドとしてインストールされているので、誰もがその状態を自らの体で再現できます。

「エネルギー調整シール」で体幹が安定する

この「エネルギー調整シール」は、へそからこぶし一つ分下のあたりの丹田に直接貼るか、服の上に貼り付けて使用します。これだけでは効果が実感しにくいので、次に紹介するいくつかの実験で確認してみましょう。

《体幹が安定する》

まず、もともとの体幹の安定度をチェックします。これには協力者が一人必要です。

壁を背にして立ち、後ろに引いた側の足のかかとを壁に当て、もう一方の足は前に出してしっかり踏ん張ります。

姿勢が決まったら、協力者は両胸の上側の肩のあたりへ手を当て、壁のほうへグーッと押します。

このとき、押される側の人はどれくらい踏ん張って抵抗できるか確認してください。

次に、脚を揃えてまっすぐ立ち、下腹部の前で両手を組み、協力者がそれを上から押し

体幹の安定度チェック

【注意】急な動作はケガにつながります。ゆっくり安全に行ってください。

シールを貼る位置

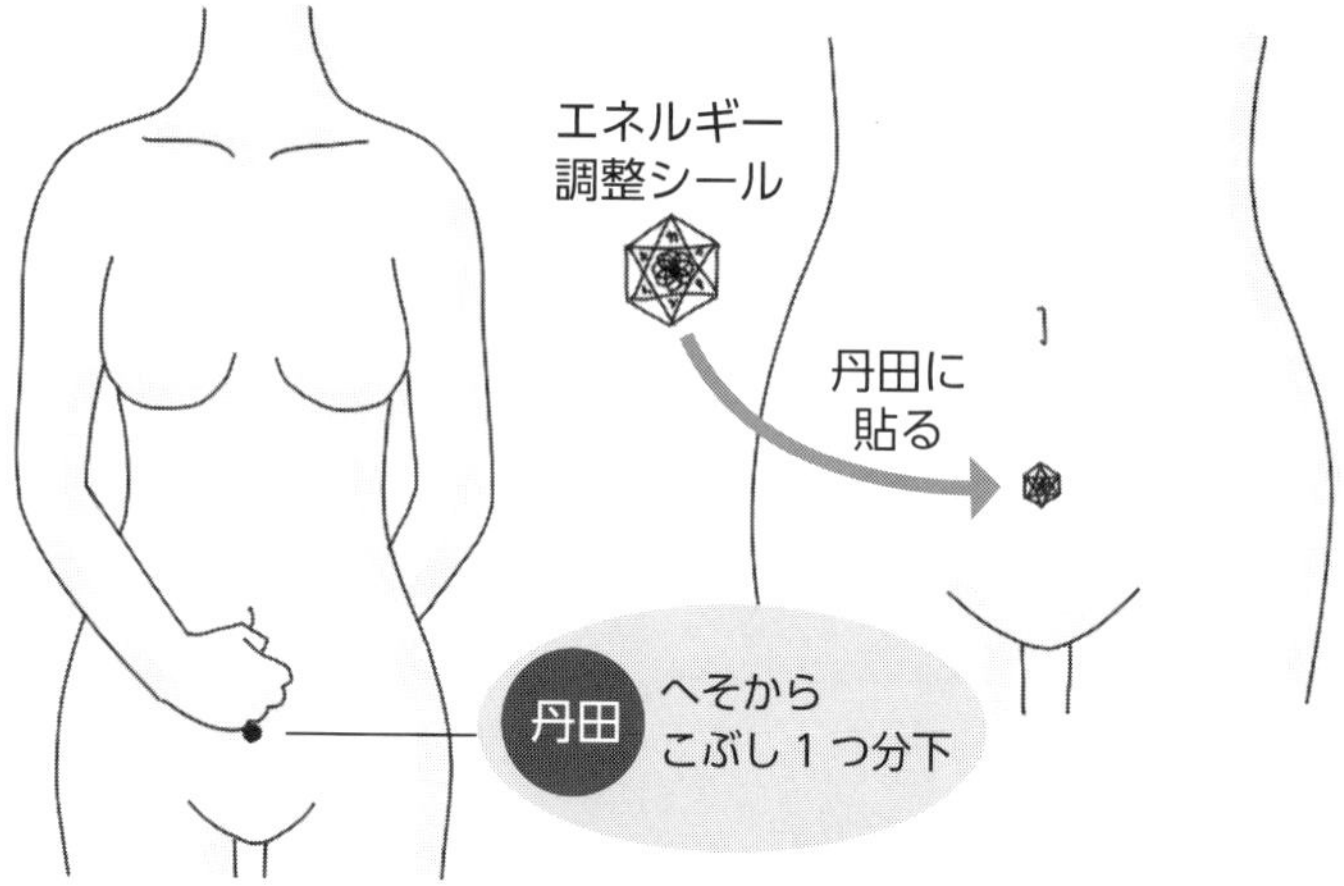

ます。このとき、姿勢が崩れないよう、どれくらい抵抗できるか確認してください。

最後に、脚を揃えてまっすぐ立ち、後ろで手を組み、協力者がそれを上から押します。このときも、姿勢が崩れないよう、どれくらい抵抗できるか確認します。

これらのチェックでしっかり抵抗できていれば体幹は安定していることになり、抵抗できなければ体幹は安定していないことになります。

では次に、押される側の人が丹田に「エネルギー調整シール」を貼って、同様のチェックをしてみましょう。

すると、先ほどよりも抵抗しやすくなっているはずです。

これは、シールを貼る前と比べて体幹が安定したためです。

「エネルギー調整シール」で電磁波の影響を軽減させる

《携帯電話の電磁波の影響が軽減する》

電磁波の有害性については、医学的な統計研究によって発がんリスクが指摘されるなど、大きな問題をはらんでいます。

特に問題なのは、耳に当てて通話すると頭部のすぐそばで電磁波を発することになる携帯電話・スマホです。

その電磁波がどれくらいマイナスに働くのか、次の実験で確かめてみましょう。

まず、電源を入れていない状態の携帯電話・スマホを耳に当て、もう一方の腕をまっすぐ前に伸ばします。

その状態で、協力者に腕を下へ押し下げてもらいます。このとき、腕を押し下げる力に対して、どれくらいしっかり抵抗できるか覚えておきます。

次に、携帯電話・スマホの電源を入れます。スマホならロックも開錠してください。そして、先ほどと同じように耳に当て、伸ばした腕を同じ協力者に同じくらいの力で押し下げてもらいます。

このとき、抵抗しているつもりでも簡単に腕が下がってしまうはずです。力を込めているつもりなのに、実際にはほとんど力が入らなくなっています。

これは、電磁波の影響で筋力が正常に発揮できなくなっているからです。

それが確認できたら、今度は携帯電話・スマホの後ろに「エネルギー調整シール」を貼って同様のことをしてみます。

すると今度は、電源が入ったままでも十分腕に力が入り、押し下げる力に抵抗できるはずです。

ここでは腕の力を見る方法で確認しましたが、先ほどの「体幹の安定度チェック」でも同様の結果が出ます。

普段は体幹を安定させられている人でも、電源を入れた携帯電話・スマホを耳に当てたとたん、押す力に抵抗できなくなり姿勢を崩してしまうのです。

特に歯科治療でインプラントを入れている人は、その金属部分がアンテナのように働いてしまうため、他の人よりも電磁波の影響を受けてしまいます。

携帯電話・スマホの電磁波の影響を軽減させる

伸ばした腕を、別の人が押し下げるチェック

シールを貼らない場合

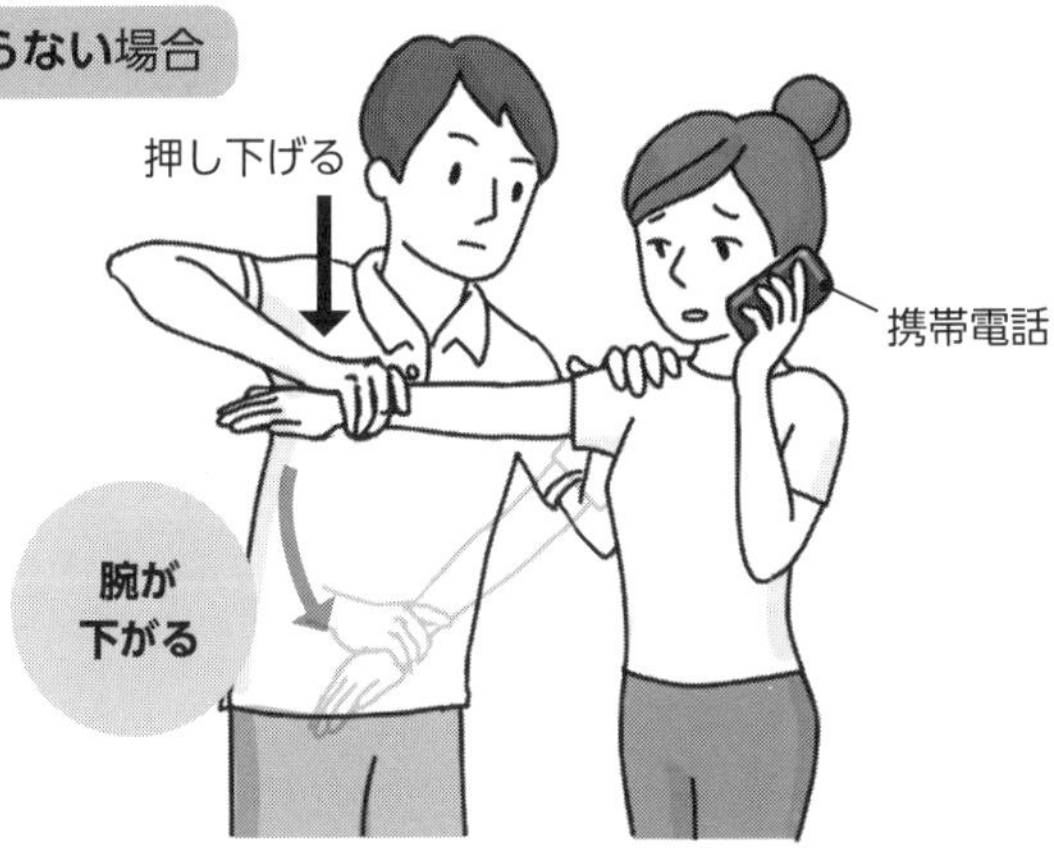

シールを貼った場合

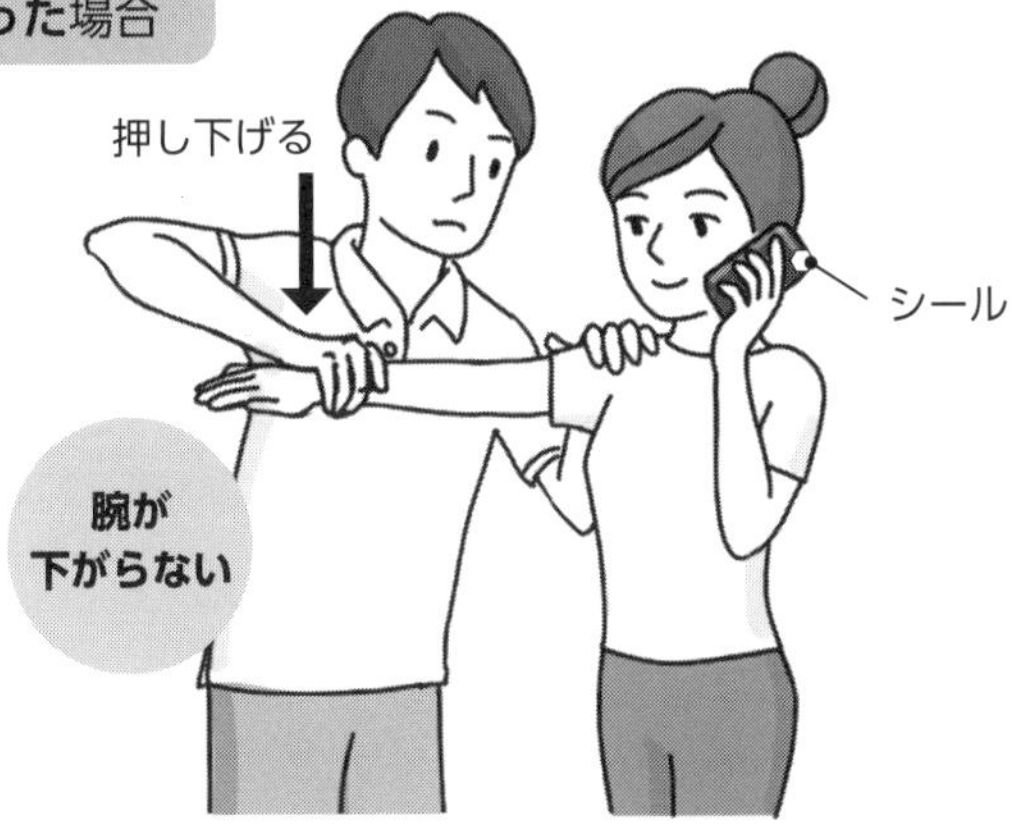

【注意】急な動作はケガにつながります。ゆっくり安全に行ってください。

もし、インプラントを入れている人が身近にいたら、次の実験も試してみてください。

その人にリラックスした状態で立ってもらいます。全身が映るような鏡があれば、その前がいいでしょう。

次に、協力者が携帯電話・スマホの電源を入れ（スマホはロックも開錠します）、インプラントの入っているところへ徐々に近づけていきます。すると、インプラントの金属部分が電磁波の影響をキャッチして体のバランスが崩れ、ふらついたり、体がゆがんできたりするのが確認されることがあります。

その後、携帯電話・スマホの後ろに「エネルギー調整シール」を貼って同じことをすると、今度は体が安定したままだったり、ゆがみが少なくなったりするのを確認できるでしょう。

なお、「エネルギー調整シール」をテレビの四隅に貼ったところ、部屋が明るく感じられるようになったという報告もあり、これもまた電磁波の有害な影響が軽減されたためだと思われます。

その家では、シールのことを知らない家族まで「部屋が明るくなった」と気づいたそうですから、思い込みによるものではなさそうです。

これらの現象から、「エネルギー調整シール」には、体幹を安定させる作用の他、体にとって有害な電磁波を、より害の少ない波長に変換する作用があると考えられます。
事実、電磁波チェッカーで計測すると、シールを貼ることで電磁波の強度が低減することが確認されています。

「エネルギー調整シール」でネガティブ思考から愛へ

《ネガティブな思考が少なくなる》

よく、「肝《きも》が据わる」と言いますが、この場合の肝とは丹田のことです。「エネルギー調整シール」を丹田に貼ると、この肝が据わった状態になり、その結果、ネガティブ（マイナス）な思考が少なくなります。

まず、シールを貼る前に、ネガティブな気持ちになることを思い浮かべてください。これは効果の確認のための実験なので、最初は比較的ささいなことがいいでしょう。

このときのネガティブな気持ちを、「0」から「10」までの数で表した場合の「10」であると設定します。まったく問題がない状態が「0」で、最大値が「10」ということです。

ネガティブな気持ちの度合いを測る

次に、丹田にシールを貼って上を向いた状態で3回深呼吸をします。このときは鼻から吸って口から吐きます。

その後、先ほどと同じことを思い浮かべてネガティブな気持ちの度合いを数字で表してみます。すると、最初と比べて数字が小さくなっているはずです。

人によっては数字が「0」になっていたり、最初に思い浮かべていたことをイメージしにくくなったりするかもしれません。

このシールを使っているとネガティブな思考が少なくなっていくでしょう。

ネガティブな思考が少なくなると、その分、愛があふれてきます。

「エネルギー調整シール」の健康効果とスポーツ能力向上作用

これらの実験で確認できる「エネルギー調整シール」の作用が総合的に働くことで、さまざまな健康効果が発揮されると考えられます。

魂のワーク協会には、「気になるところや痛いところに貼っておくと、症状が緩和されたり、なくなったりする」「丹田と太陽神経叢に貼ることで内臓の調子が良くなった」「正常血圧になった」……などの報告が寄せられています。

個人の感想なので医学的にはっきりしたことは言えませんが、体幹が安定し、ネガティブな思考が少なくなり、電磁波の有害な影響が軽減されるということであれば、当然、健康にもプラスの働きをするはずです。

その他、スポーツをやっている人からは、次のような報告が寄せられています。

「トレーニング効果がこれまでより増した」

「バスケットボールのプレー中、接触による転倒が減り、シュートも安定してきた」

「バットのグリップの中に巻き込むように貼ると、バットが軽く感じられるようになった」

「剣道で打ち込む際に、剣速が速くなって威力も上がった」

「水泳で飛び込みの際に、体が折れず、力強く泳げるようになった」

「ゴルフでのスイングが安定して飛距離が伸びた」

「サッカーで接触プレーが強くなり、思い切ったプレーができるようになった」

「下半身が安定し、上半身を柔らかく動かせるようになった」

——これらの効果は体幹の安定によるものでしょう。

丹田と太陽神経叢

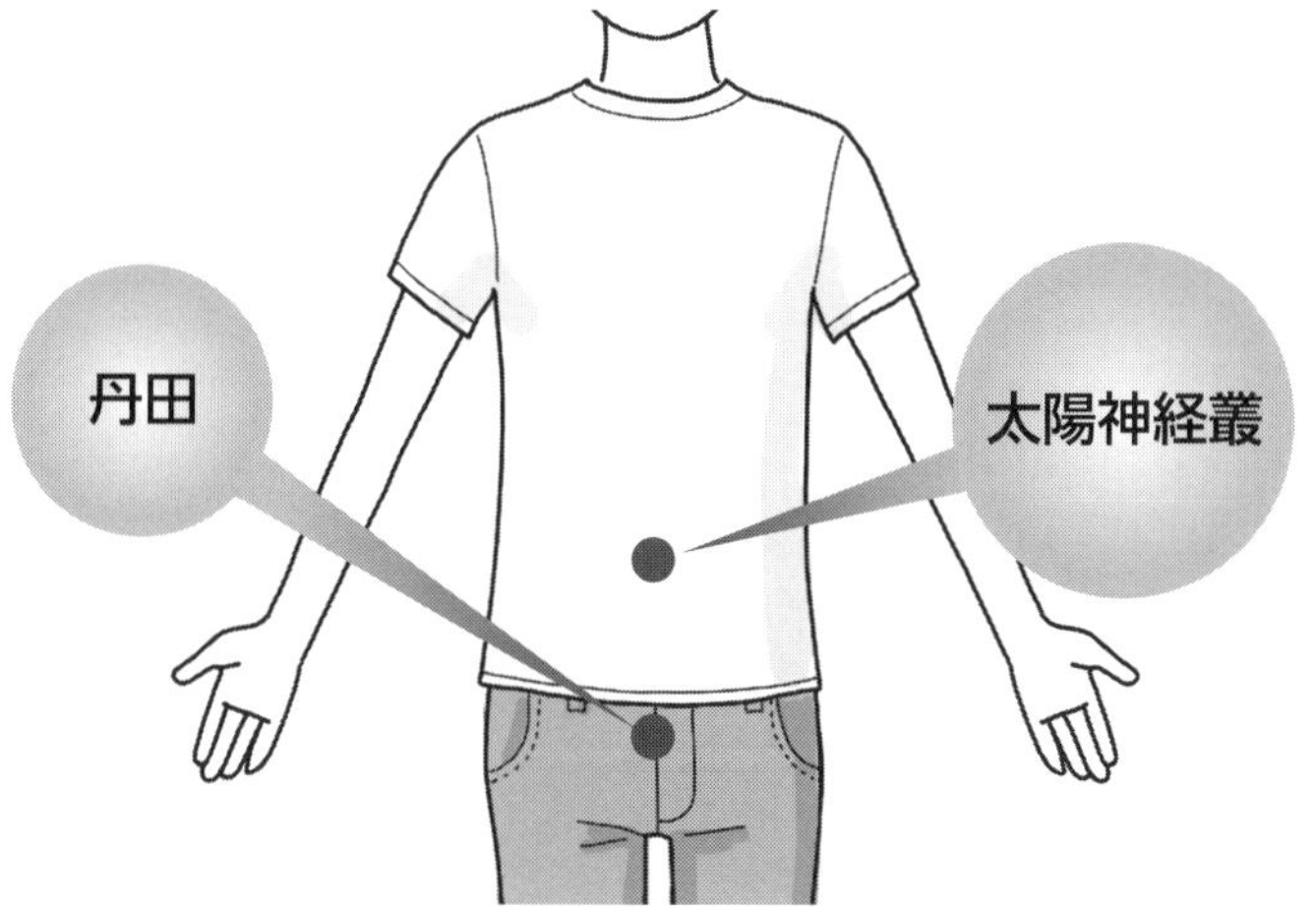

昔の日本人は丹田の力を武道に用いていたわけですが、現在では武道の他、スポーツにもおおいに活用できそうです。

縁あって本書を手にされたみなさんもぜひ、「エネルギー調整シール」で丹田の力を有効に使ってみてください。

第4章

「魂のワーク®」における即効治療の実際

魂のワークの施術にかかる時間は約20分

この章では、魂のワークの施術の実際について説明していきましょう。

魂のワークの施術は約20分かけて行われ、流れとしては、まず患者さんの症状の訴えに耳を傾ける「問診」、そして次に、体の状態を施術者と患者さんがともに確かめるための「検査」を行います。

検査では、左右の脚の長さの差や、股関節の開き具合の左右差、骨盤の傾きやねじれの状態、バンザイしたときに左右の腕がそれぞれどこまで挙がるか……など、さまざまな手法により、体のゆがみや無理なく動かせる範囲を調べます。

このうち、患者さん本人にもわかりやすいのは、股関節の開き具合の左右差やバンザイの検査でしょう。

股関節の検査では、脚をカエルのようにして両足裏を合わせてもらい、両ひざを外へ無理なく開いてもらいます。すると、片方はより開くけれど、もう一方はあまり開かないという左右差が確認されることがあります。

また、バンザイの検査では、片方の腕はよく挙がるのに、もう一方はあまり挙がらないという左右差が確認されることがあります。

このような左右差は体が正常な働きをしていないことで生じます。

付き添いの人がいる場合は、患者さん本人が見られない左右の脚の長さの差や骨盤の傾きなどを、一緒に確認してもらうこともあります。

また、その他に腕の三角筋の筋力を調べたりもします。

筋力を調べるのは、体が正常に働いていると筋肉にしっかり力が入り、正常でないと力が入らないからです。つまり、施術前後の筋力の変化を通じて、施術の効果を測ろうというわけです。

症状の改善度を測る「ペインスケール」

これらの検査では、施術によって体の状態がどのように変化したかを目に見える形で確認します。

しかし、患者さんにとっては症状の解消が何より重要なことですから、単に体のゆがみなどが整えばそれでいいというわけではありません。

そこで、魂のワークの施術では、「ペインスケール」といって、患者さんの主観で症状を測る指標も用います。これは病院などでも用いられているものです。

ペインスケールは直訳すると「痛みの指標」ですが、痛みに限らず、症状の重さ・改善度を患者さんの主観で測るためのモノサシだと考えてください。

具体的には、施術前の症状の重さを「10」と考えてもらい、症状が完全になくなった状態を「0」として、「0」から「10」までの11段階で症状の改善度を判断してもらいます。

主観的な判断なので、一見すると不確かなものに思えるかもしれませんが、患者さんは症状を解消してほしいわけですから、むしろ、このペインスケールが「0」になることこそが重要です。

魂のワークの施術では、体の状態を目に見える形で客観的に確かめる検査と、患者さん本人が主観的に症状の改善度を判断するペインスケールの二段構えで、施術効果をしっかり確認していきます。

魂のワークのエネルギーは瞬間的に心身を変化させる

魂のワークの施術において、その患者さんに必要な周波数のエネルギーを心身へ作用させるプロセスは比較的短時間で終わります。

ほんのわずかな時間の働きかけですが、左右の脚の長さや、股関節の開き具合の左右差、骨盤の傾きやねじれの状態、バンザイ時の左右の腕の挙がり具合など、検査したすべてが整い、筋肉や関節の柔軟性が増してより大きく動かせるようになり、また、腕の三角筋にもしっかり力が入るようになります。

患者さん本人によるペインスケールも、施術前の「10」から、「2」とか「3」といった小さい数字へ変化しているか、あるいは「0」になっていることも珍しくありません。

「0」なら症状は完全に解消——完治といっていい状態です。

場合によって、付き添いの人にストレス・トラウマが解消される瞬間を見てもらうこともあります。

第1章で、骨盤が整っていても、ストレスが脚の筋肉を緊張させて片方の脚が短くなると説明しました。これは逆に言えば、ストレスが解消されると脚の筋肉の緊張が解消され、左右の脚の長さが揃うということです。

そこで、ストレス・トラウマを解消する周波数のエネルギーを作用させる前後で、付き添いの人に脚の長さを確認してもらいます。すると、まさしくその場で左右の脚の長さが揃うのを目の当たりにするわけです。

もちろん、このとき、脚の長さが揃うだけでなく、患者さん本人のペインスケールもより小さな数字に変化します。

以上のように、魂のワークの施術は問診から始まり、検査→エネルギーワーク→再検査と進み、トータル20分ほどで終わります。

心の問題を扱うときは、患者さん本人がたくさん話したがるので、40分くらいかかるかもしれません。また、初診では1時間くらいが目安となります。

いずれにしても、問診と検査とエネルギーワークの部分で、約20分前後と考えるといいでしょう。

短い時間に思えるかもしれませんが、魂のワークのエネルギーは患者さんの心身へ瞬間的に変化を起こすので、エネルギーワークそれ自体にはほとんど時間を要しません。

魂のワークは動物にも治療効果を発揮する

ペインスケールは患者さん本人の主観で測るものなので、「治療家に遠慮して、実際よりも数字を小さく申告しているのではないか？」と考える人もいるでしょう。

また、こういったエネルギーワークを信じられない人は、「暗示作用・プラセボ効果で一時的に症状が軽くなった気がしているだけではないか？」と考えるかもしれません。

しかし、動物にも治療効果があるとすればどうでしょう。

動物には遠慮はないし、暗示も効きませんから、治療効果の確かな証明になるはずです。

平衡感覚をつかさどる三半規管に生じた問題で立てなくなった飼い猫のケースでは、動物病院で入院治療を受けるもまったく改善しなかったものが、魂のワークの施術中に立てるようになり、その場で歩き始めました。

その様子は動画に収めてあり、最初、平衡感覚の欠如のせいで顔が左に向いてしまい、立とうとしても立てない様子から、立って歩きだすまでの様子が記録されています。

このケースでは3回の施術で症状が完治し、その後は普通に暮らせるようになったそうです。

その他、動物に関しては次のような症例もあります。

・下痢続きでやせてきた飼い猫を動物病院に通院させたが改善せず。魂のワークを受けた後、便が硬くなって食欲も増して元気になった。

・坐骨神経痛のような症状で脚を引きずって歩いていた飼い犬が、やがて足をついて歩かなくなったため動物病院を受診。痛み止めを出されたが改善しないので、魂のワークを受けたところ、その後から少し足をついて歩くようになり、帰宅後の散歩ではしっかり足をついて歩けるようになった。

・飼い犬が病院で高血圧と診断。知人の紹介で魂のワークを知り受診したところ、血圧は正常となり、気になっていた歩き方も改善した。

・飼い犬が坐骨神経痛で脚を引きずって歩いていたが、魂のワークを受けた瞬間から毛質につやが出てきて毛並みが良くなり、普通に歩けるようになった。その後、2回の施術で完治。

以上、人間の症例の前に動物の症例の紹介となりましたが、これを通して、魂のワークには、人であれ動物であれ、生きとし生けるものすべての生命をより良い方向へもっていく働きがあることを理解してもらえればと思います。

「循環して元に戻す周波数」で体の動きを元に戻す

それでは、魂のワークの施術で用いている周波数のエネルギーを紹介しましょう。

まず、魂のワークで特によく用いるのが「循環して元に戻す周波数」です。これには、その名の通り、体を元の状態、つまり本来の健康な状態に戻す働きがあります。

言葉で表現すると単純ですが、実際に施術の場で使うと、特に筋骨格系の症状については万能と言っていい働きをしてくれるのです。

たとえば、ひざがしっかり曲がらなかったり、伸びなかったりする場合、その問題箇所でこの周波数のエネルギーを発動させると、本来の機能を取り戻して、ひざを正常に曲げ伸ばしできるようになります。

腰が伸ばせない、寝違えて首が曲がらない、あごが開かない……といった症状も同様です。その問題箇所でこの周波数のエネルギーを発動させると、本来の機能を取り戻して症状が解消されます。プロローグで「魔法みたい」という感想を漏らした患者さんのことを紹介しましたが、まさに、魔法みたいに効いてしまうのです。

治療未経験の人でも、この周波数を発動させるためのマインド（アプリ）をインストールして簡単な使い方を学ぶだけで、一般的な整体院などのレベルを軽く超える施術ができるでしょう。

もちろん、体についての知識がないと治すのが難しいケースもあります。

その場合でも、筋肉がどこにどう付いていて、どのような動きに関係しているのかを学んだ上で、症状に関連した筋肉に「循環して元に戻す周波数」を発動させることで治せるようになります。

「循環して元に戻す周波数」で内臓の働きを元に戻す

「循環して元に戻す周波数」は内臓の働きを正常に戻して、内臓由来の症状を解消させることもできます。

内臓に不調があると内臓機能が低下するだけでなく、体の痛みや不快感、関節の動く範囲が制限されるなど、筋骨格系の症状も引き起こされます。

これは、内臓体性反射と言い、内臓の不調により筋肉（主に腹筋）が緊張するためです。

魂のワークで内臓を調整するときには、その内臓と左右逆側の脳をつなぐイメージをして、そこに「循環して元に戻す周波数」を発動させます。たとえば、肝臓なら、体の右側にあるので左脳とつなぐわけです。

なぜ、左右逆側の脳かというと、体の右側は左脳がコントロールし、体の左側は右脳がコントロールしているからです。これは、一般的に言われているので知っている人も多いでしょう。

内臓は脳のコントロール下にあるので、「循環して元に戻す周波数」で脳と内臓とのつながりを元に戻すと内臓の働きが正常に戻り、また、内臓に生じていた緊張も解消されます。さらに、内臓の位置のズレも元に戻り、その周囲の血流が改善し、内臓の問題によって生じていた体のゆがみや筋肉のこり・痛みが改善します。

加えて、それらの変化に伴って基礎代謝が向上し、デトックス（毒出し）作用が働き、また、アレルギー症状の改善なども期待できます。

特に、アレルギー症状の改善には、各臓器の機能改善が欠かせません。

内臓以外の患部についても同様に、その患部と脳をつなぐイメージをして、そこに「循環して元に戻す周波数」を発動させることで、その部分の働きを正常に戻して治癒を早めることができます。

機能障害を負った脳も元の正常な働きに戻る

この「循環して元に戻す周波数」は、脳疾患にも効果を発揮することがあります。

たとえば、交通事故で一時意識不明の重体に陥った高校生のケースでは、事故から4日後に意識が戻るも、脳外傷（びまん性軸索損傷）による高次脳機能障害が後遺症として残ってしまい、退院後も記憶が定着しない状態となっていました。

記憶が定着しないので、その日の朝食に何を食べたかも思い出せないのです。

まだ高校生でこういう状態ですから両親は大変心配していましたが、結果的には、魂のワークで正常な脳機能を取り戻すことができ、高校卒業後は海外留学もできました。現在は、インテリアコーディネーターを目指して学んでいるとのことです。

脳疾患では、脳そのものの働きを元に戻すことも大切ですが、脳の血流を改善させる（元に戻す）ことが功を奏するケースもたくさんあります。

その代表的なものが認知症です。認知症は脳の血流を元の正常な状態に戻すことでかなりのところまで改善するでしょう。

聴覚障害も同様で、脳の血流改善が回復の決め手になることがあります。

ある患者さんは10年以上前から左耳がほとんど聞こえず、今度は右耳まで突発性難聴になったため、「両耳が聞こえなくなったら暮らすのが大変になった」と訴えて、魂のワーク創始者の接骨院を受診しました。

病院でも対処の難しい症状ということですが、脳の血流を改善させたところ、1回の施術で左耳の聴力はほぼ回復しました。魂のワークでは、こういう回復例は珍しくありません。

しかし、その魂のワークであっても対処が難しいのは脳梗塞の後遺症です。

脳梗塞による脳細胞の壊死範囲が広すぎると、「循環して元に戻す周波数」であっても十分に回復させられないことがあるからです。

「痛みを取る周波数」で体の痛みを瞬時に取り去る

「循環して元に戻す周波数」で体の動きや内臓の働きが回復しても、それだけでは患部の炎症や痛みの解消が十分ではないケースがあります。

それは、傷んでいる筋肉が発痛物質を分泌しているからです。

この発痛物質には血流を盛んにする働きがあり、その盛んな血流によって筋肉の修復がうながされるので、発痛物質を止めるわけにはいきません。

しかし、患者さんとしては痛いのは嫌ですから、魂のワークでは「痛みを取る周波数」を脳に作用させることで、発痛物質はそのままで、痛みだけを感じなくさせています。

痛みのある箇所と、その逆側の脳をつなぐイメージをして、「痛みを取る周波数」を発動させると、脳内でβエンドルフィンという神経伝達物質が分泌され、患者さんはその瞬間に痛みの軽減・消失を体験します。

βエンドルフィンは、病院で使用される鎮痛剤のモルヒネに似た働きを持つ物質です。

一説では、モルヒネの6・5倍の鎮痛作用があると言われ、脳内麻薬とも呼ばれています。

痛みを取る周波数

このβエンドルフィンは痛み止めの薬とは違い、自然治癒力の働きを邪魔することはありません。

一般的な痛み止めの薬を使うと、脳が「βエンドルフィンが十分に分泌されている」と誤った理解をしてしまい、自らβエンドルフィンの放出を抑えてしまうため、自然治癒力がうまく働いてこないと言われています。

一方、「痛みを取る周波数」によるβエンドルフィンの分泌は、脳の本来の働きを引き出したことによるものであり、むしろ、脳と患部のつながりを強くして、自然治癒力を十分に引き出す作用となります。

つまり、「痛みを取る周波数」には、単に痛みを軽減・消失させる作用だけでなく、痛みの原因となっている筋肉の問題などをすみやかに解消する作用もあるということです。

「痛みを取る周波数」でリウマチ性多発筋痛症の痛みが消えた

痛みの症状を主に扱うペインクリニックでは麻酔薬を注射して痛みを取り除きますが、魂のワークでは「痛みを取る周波数」によって同じことができます。しかも、薬を使わないので体にも負担をかけません。

ここで、いくつか痛みの症例を紹介しましょう。

左ひざ周囲に帯状疱疹の後遺症として、ひどい神経痛が現れていた中学生男子のケースでは、痛みのため松葉杖なしには歩けないほどの状態でした。

魂のワーク創始者の接骨院には、発症後半年くらいしてから来院しました。

施術では、患部の触診をして痛みの範囲を確かめ、まずそこへ浄化水（後述）を塗布。さらに、「痛みを取る周波数」で痛みを取り除き、魂のワークの他の手法も併用したところ、その場で痛みなく走ったり、階段を昇ったりできるようになりました。

ひさしぶりに普通に動いている息子の姿を、付き添いの父親が愛にあふれた様子で見守っているのが印象的でした。

その後は痛みやしびれもなく、松葉杖なしで生活できているとのことで、２回目の施術では、左ひざに残る違和感へ対処することになりました。

初回施術では行わなかった全身調整を施したところ、施術前に３センチほどあった脚の長さの左右差が揃い、左ひざの違和感も消失。

廊下を前回以上のスピードで走ってもらって動きの確認をした上で、発症以前にやっていた野球を再開しても大丈夫という太鼓判を押させてもらいました。

このケースのように、魂のワークでは、松葉杖で来院した患者さんであっても、帰りには普通に歩いていくということが少なくありません。

一方、病院で「リウマチ性多発筋痛症」と診断され、左肩の痛みを訴えて来院された60代女性のケースでは、その痛みの他に、体が動かしにくく立ち上がってからの最初の一歩がすっと出ないという悩みも抱えていました。

施術では、痛みの箇所や肩の動きの検査後、「循環して元に戻す周波数」「痛みを取る周波数」などのエネルギーで調整。その結果、肩は正常に動くようになり、痛みも消失しました。

しかし、まだ肩を動かすことへの不安があるというので、「魂＝潜在意識」へ直接働きかける別の手法でその不安を解消しました。

最終的に、安心して肩を動かせるようになり、立ち上がったときの最初の一歩についても、「びっくりするほどスムーズに歩けます」という状態にまで回復しました。1回の施術でここまでの成果があがったのです。

骨挫傷の痛みが瞬間的に消失し、松葉杖が不要に

同様にケガによる痛みもまた、即効的に解消されます。

格闘技で鉄の面を蹴って左足の裏を痛めてしまった男性のケースでは、整形外科で改善しなかった痛みが、「痛みを取る周波数」だけで、ペインスケールの「10」から「3」にまで減少。その後、魂のワーク協会発案の竹を使った3種類の運動療法を少し行ってもらったところ、「3」から「0〜1」にまで解消されました。

また、骨の内部が損傷して強く痛む骨挫傷のために松葉杖をついて来院した男の子のケースでは、施術を開始して5分後には松葉杖なしで歩き、階段の昇降もできるようになり、

その後、全身を調整したところ走れるようにもなりました。

その様子は動画にも記録していますが、20分くらい前まで松葉杖をついていたとはとても思えない走りっぷりです。

この「痛みを取る周波数」の即効性は、実際に体験してもらわないとなかなか信じられないかもしれません。

私たちとご縁のあった書籍編集者の方が「首が痛い」とのことで、「痛みを取る周波数」を体験してもらったところ、「本当に痛みが取れた！」と驚いた出来事があります。

その後、この方の全身を魂のワークで調整したところ、立位体前屈で床から10センチくらい上までしか指が届かなかったのが、ほとんど床につきそうなところまで体の柔軟性が増し、本人も「体がぽかぽかして温泉につかったような心地よさ」「体じゅうに力がみなぎり、霧が晴れたように気分も爽快になった」と感想を述べていました。

ストレス、マイナスの感情はチャクラに溜まる

さて、ここまでは体の不具合を改善する手法の紹介でしたが、ここからは魂のワークな

らではの、「魂＝潜在意識」へ直接働きかける手法を紹介しましょう。

その前に、予備知識として「チャクラ」というものについて説明しておきたいと思います。チャクラというのは古いインドの言葉で「車輪・円」を意味しており、ヨガでは生命エネルギーの出入り口と言われています。

チャクラについては、書籍やインターネットでさまざまな情報が出ているので、聞いたことのある人もいるでしょう。

人体には、仙骨と背骨、頭蓋骨に沿って七つの主要なチャクラが縦に並んでいて、そのそれぞれが異なる精神状態や内臓、内分泌系など心身のさまざまな機能に対応しているとされます。

さらに、足の下と頭の上にもチャクラがあり、それぞれ、天のエネルギーと地のエネルギーの出入り口となっています。

また、チャクラには、わだかまったマイナスの感情やストレスのエネルギーが溜まっていると言われ、それがあると心身の働きに悪影響を及ぼすことから、チャクラに働きかけて、マイナスの感情やストレスを解消しようとするエネルギーワークが以前から存在しています。

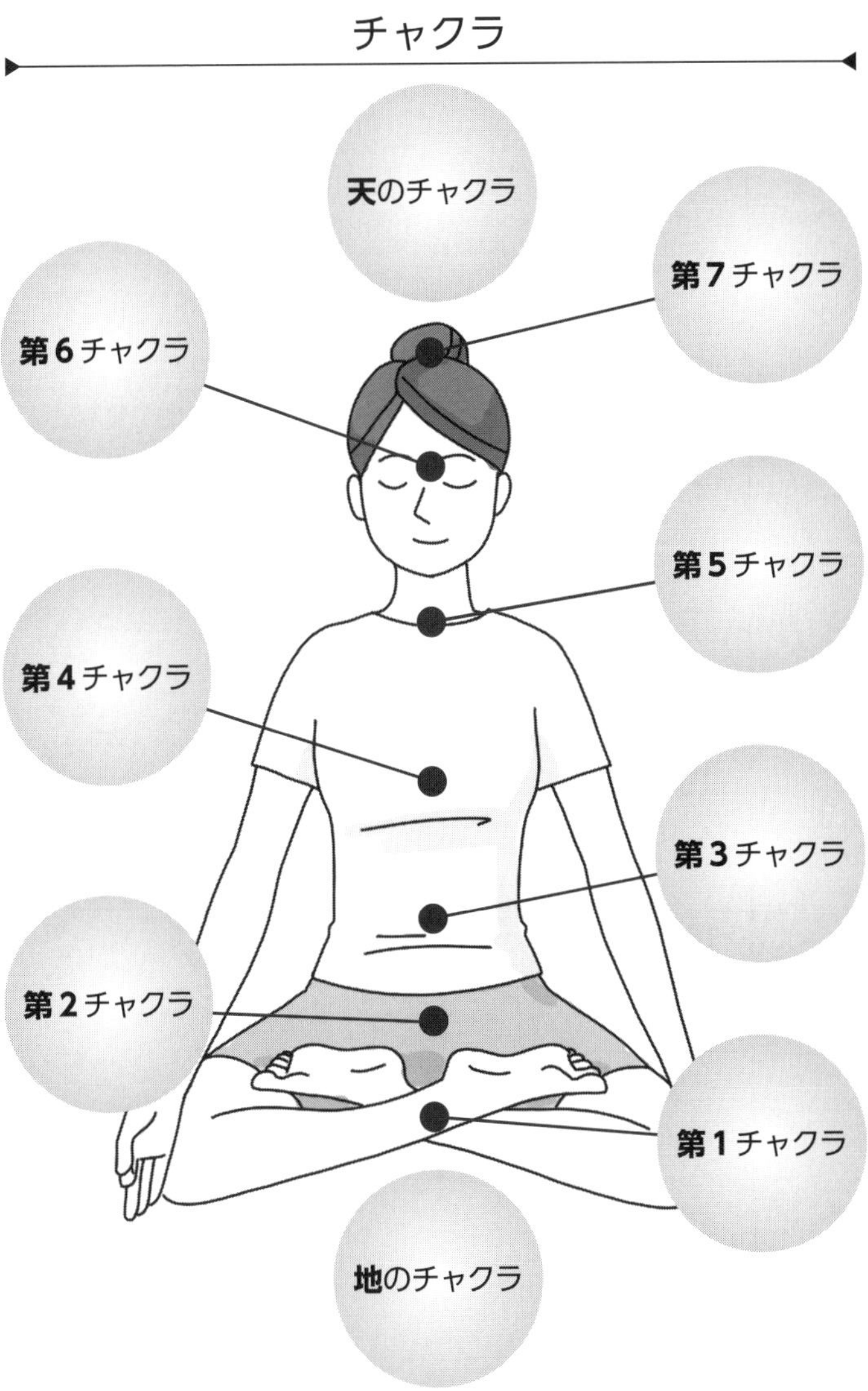
チャクラ
天のチャクラ
第7チャクラ
第6チャクラ
第5チャクラ
第4チャクラ
第3チャクラ
第2チャクラ
第1チャクラ
地のチャクラ

チャクラは目に見えないので、そこへ働きかけるエネルギーワークの多くは、手をかざしてエネルギーを感じたり、筋反射テスト（筋肉の反射を利用した検査）でチャクラの状態を探ったりすることになります。

しかし、このやり方では、エネルギーに敏感な人や筋反射テストに習熟した人でないと正確な検査と治療ができません。

そこで、魂のワークでは、チャクラを検査する一連のプロセスを丸ごとマインド（アプリ）として、ソウルワーカー（魂のワーク施術者）の潜在意識にインストールしています。

それにより、誰もがチャクラを通じて、わだかまったマイナスの感情とストレスを解消できるようになりました。また、直したい行動のクセなどについても、修正することができます。

問題を起こしているチャクラを自動検出する「スキャニング」

魂のワークでは、チャクラの検査を「スキャニング」という手法で行います。

検査といっても、その一連のプロセスはソウルワーカーの潜在意識にマインドとしてインストールされているので、かざした手を七つのチャクラと、頭の上のチャクラ、足の下のチャクラの上にすーっと移動させるだけです。

それだけで、問題を起こしているチャクラが自動的に検出されます。

あとは、その問題を起こしているチャクラが空中にあるとイメージして、そこへ「循環して元に戻す周波数」を発動させれば調整は終了です。

これにより、そのチャクラに溜まっていたマイナスの感情とストレスが解消されると、心が軽くなるだけでなく、チャクラに関連する内臓や内分泌系も整います。

また、体のさまざまな機能を調整している自律神経にも良い影響を与え、結果的に、体のゆがみや筋肉の緊張・痛みなども改善へ向かいます。

このスキャニングにより、エネルギーの感覚がまったくわからない人でも、あるいはチャクラという言葉をこれまで聞いたことがないような人でも、習ったその日から、チャクラの調整ができるようになります。

ひきこもりの中学生が施術後すぐに登校を再開した

魂のワークにおけるチャクラの調整では、これまで何をしても晴れなかったストレスや感情の問題が一気に解消されていきます。

ひきこもり状態の中学生のケースでは、最初、5年前からの半月板症状により、ひざを曲げると痛みがあり、腰痛もあるとの訴えで、足を引きずりながらの来院でした。内視鏡手術も決まっていましたが、全身麻酔が必要とのことで、手術をためらって取りやめになりました。その後、ひざ専門の整骨院に通院するも改善しなかったそうです。

そういった状態でしたが、魂のワークで全身を調整したところ、ひざと腰のペインスケールは一気に「10」から「0」へ。本人は「あれー痛くない。何で?」とびっくりしていました。

その施術後、実は学校に行けていないので、そのことも良くしてほしいと本人から希望がありました。話を聞くと、2年前に引っ越してきたときから学校になじめず、同級生から、ののしられてきたため、学校やその地域に対して怖いイメージを抱いてしまっているとのこと。

そこで、第4、第5、第7チャクラにあった、その怖いイメージを「循環して元に戻す周波数」で解消させたところ、その1週間ほど後の次回施術時に、再び学校へ通えるようになったという報告を受けました。

2回目の施術では、チャクラに対する別の手法を用いて、学校を最高に楽しい場所としてとらえられるようにポジティブな思いを入れたところ、「まったく不安がなくなった」と笑顔になりました。

また、来院のきっかけとなったひざの痛みも、ほとんどない状態で生活できているそうです。

なお、この中学生の心の回復を早めるため、母親にも魂のワークを勧めたところ、こちらにも根深いトラウマがありました。

何年もの間、胸が締め付けられるような痛みがあるとのことで調べてみると、「16歳のときの実母へのうらみ、恐れ、嫌いという強い思い」の存在がわかりました。

話を聞くと、確かに16歳のときに実母から逃げるようにして祖母のところへ転居した経験があるとのこと。

そのトラウマとインナーチャイルド（心の中にいる子どもの自分）を魂のワークで浄化したところ、初めて実母を赦《ゆる》せる気持ちになれたそうです。

このように、魂のワークは、数十年越しのトラウマや、わだかまったマイナスの感情であっても、一瞬といってもいいほどの短時間で解消できます。

私たちとご縁のあった出版社の企画担当の方にも魂のワークを受けてもらったことがあります。

赦せない人や嫌いな人に対する怒りを解消したところ、その人の顔を思い浮かべようとしてもイメージできず、頭の中も軽くなったと感想を述べられました。

魂のワークでストレスやトラウマを解消しても、記憶そのものが消えるわけではありませんが、この方のように、嫌な記憶をイメージしにくくなったり、イメージしてもネガティブな感情が湧かなくなったりします。

そのようにして過去から解放されると、その人は新たな人生の第一歩を力強く踏み出せることでしょう。

心の問題の解消では本人の意思を尊重する

体の症状についても、その背後には心の問題が隠れているものです。

そこで、心の問題が症状の主な原因になっていると判断される場合、ソウルワーカーは、ストレスで脚の長さが変化することを示したり、ストレスの一部をその場で解消させたりして、心の問題への自覚をうながします。

ただし、心の問題については、患者さん本人が本当に良くしたいと望んだ場合にのみ施術することになります。

それは、患者さん本人が、自分自身の何をどう変えたいかということを自覚し、覚悟することが大切だからです。

たとえば、「不登校の子どもを何とかしてほしい」と、その親が依頼してくることがありますが、その場合、本人の意思をしっかり確認することが重要です。

そういうケースでは本人に、「学校に行きたいけれど行けないのか、それとも行きたくないのか？」「その理由は何か？」といったことを質問していき、その気持ちを掘り下げていきます。

すると、たとえば、「勉強が嫌いだから行きたくない。家にいたほうが好きなだけゲームができるからいい」といった答えが最終的に出てくることがあります。

その場合、本人の意思としては学校に行きたくないわけですから、それを尊重して、不登校に対する施術は行いません。

そこまでゲームにのめり込んでしまう環境をつくったのは、その家庭の問題なので、まず家庭内でよく話し合ってもらい、そこから解決する必要があるでしょう。

一方、子ども本人は学校に行きたいのに、先ほどの症例のように、いじめなどがトラウマになって登校できないというような場合、魂のワークは大いに助けになるでしょう。

魂のワークのセミナーはレベル5まで

現在、魂のワークのセミナーは、レベル1からレベル5までの5段階で教えられており、そのうち、この章ではレベル1からレベル3までの内容を説明してきました。

各レベルの対応は次のようになっています。

・レベル１
「循環して元に戻す周波数」により、筋骨格系に起きている痛みやしびれ、動きの制限といった不具合を改善する手法を学ぶ。
・レベル２
「循環して元に戻す周波数」により、内臓の不調などを改善する手法と、「痛みを取る周波数」で痛みを解消する手法を学ぶ。
・レベル３
問題が生じているチャクラをスキャニングにより自動検出し、ストレスやわだかまったマイナスの感情を解消する手法を学ぶ。これにより、「魂＝潜在意識」の不具合が浄化・改善される。

さらに、レベル４では、チャクラを介してストレスを解消した後に、そこへ新しい意味を与える手法を学びます。これにより、「魂＝潜在意識」へポジティブなパターンが与えられます。

また、脳の誤作動を改善する手法により、原因不明のアレルギーや痛み、しびれなども解消できるようになります。

最後のレベル5では、ありとあらゆるトラウマを解消する手法を学びます。これにより、心の深い痛手を根本から癒すことができます。

ソフトな刺激で自律神経に働きかけ全身を整える「脳反射刺激療法」

魂のワーク協会では、魂のワークとは別に、ソフトな刺激で自律神経に働きかけ、全身を整える「脳反射刺激療法」と、エネルギーをインストールした水やオイルを体に塗布することで、魂のワークに近い治療効果を得られる「浄化水整体」のセミナーも開催しています。

まず、脳反射刺激療法は、触れる程度の施術によって自律神経を活性化させて、骨盤や背骨など骨格のゆがみを調整し、各関節の動く範囲を改善させ全身のバランスを整える治療法です。

その特徴として、短時間で施術を行え、誰がやっても確実に、体に明確な変化を起こせることが挙げられるでしょう。

数少ないケースではありますが、魂のワークのエネルギーワークだけでは治療効果を出せないこともあり、そのような場合でも脳反射刺激療法なら対応できます。

セミナーは、初伝、中伝、上伝、奥伝の4段階で教えられ、奥伝では「魂のワーク式言霊」として、アカシックレコードという星の記憶の図書館のような領域の情報を用いて、下がった胃を本来の正常な位置まで上げたりする内臓調整や、骨盤の調整などを行います。

健康を保つ上で、内臓が本来の正しい位置にあることは大変重要です。

ある患者さんは、お腹が痛くて膨満感も強く、「腸が動いていない」と病院で診断されましたが、そこでの治療では改善せず、魂のワーク創始者の接骨院を受診しました。

腹部の触診では、胃の下垂によって腸が強く圧迫されていることが確認されたため、「魂のワーク式言霊」で施術することになりました。

アカシックレコードから情報を読み取り、胃が下がった原因となっている感情と、それが起きた年齢を特定した上で、言霊（言葉による語りかけ）で「魂＝潜在意識」へ働きかけたところ、「お腹の中で内臓が動いて上がっている」との感想でした。

触診でも、下腹部の膨らみが、なだらかになっていることが確認され、お腹の症状はすべて解消されました。

後日、確認したところ、その後も問題なく普通に過ごせているそうです。

また別のケースでは、小学生の頃から下腹部が膨らんでいるのがずっと気になっているという訴えで、便通も悪く生理痛がひどいのも悩みとのことでした。

触診すると、胃が本来の場所であるみぞおちになく骨盤内まで落ちていて、子宮の右側を強く圧迫しています。

患者さんにそこを触ってもらいながら、同様に言霊で働きかけたところ、その場で腹部の膨らみがへこんでいくのを体感でき、「先生、お腹がへこんできている」と言いました。

施術を受けられた方はズボンがゆるくなるなど、ほとんどの方がその場で効果を実感されます。後日、経過を聞くと、「あれから生理痛も楽になり、便通も良くなり、お腹もへこんだままです」と笑顔で報告してくれました。

この手法により胃が上がっていく様子をリアルタイムで記録したレントゲン動画もあり、「魂のワーク式言霊」の確かな効果を証明しています。

また外伝では、腰痛など筋骨格系の症状を確実に改善させる手法も学び、接骨院や整体院などで日々、筋骨格系の症状と直面している治療家にとって心強い内容となっています。

筋骨格系の症状については、この脳反射刺激療法だけでも十分な治療効果を期待できるでしょう。

40代女性のケースでは、左足首をひねって病院で「靭帯が伸びている」と言われ、7年前から、その足首の痛みのために正座をしたり足を踏ん張ったりできないという状態でした。しかし、脳反射刺激療法で3分くらい施術してから足首を動かしてもらったところ、「あれ？　痛くない！」「何で？」「踏ん張れるし正座もできる！」と大変驚く結果に。

7年越しの痛みが1回の施術で改善したわけですから、びっくりするのも無理はありません。

魂のワークのエネルギーを応用した「浄化水整体」

次に浄化水整体ですが、治療家が施術をするだけではなく、患者さん本人にセルフケアをしてもらうための手法です。

浄化水（あるいは浄化オイル）には魂のワークで用いているエネルギーがインストールされているので、それを患部など体の要所に塗布することで、魂のワークの施術に近い治療効果を得られます。

浄化水整体の前後に、症状のペインスケールや体の柔軟性などを確認しておくと、浄化水による症状の改善を含め、関節の動く範囲の拡大など、確実な変化が起きていることを目に見える形で確認できるでしょう。

また、視力に問題のある人は、浄化水を目の周囲に用いることで、視力も改善していきます。

この浄化水整体は患者さん本人のセルフケアの他、家族へのケア、さらには家庭で飼っているペットのケアにも活用できます。

これまでの経験上、この浄化水整体が特に治療効果を発揮するのが、アトピー性皮膚炎や乾癬《かんせん》などの症状です。

あくまで使用者個人の感想ですが、「浄化水を直接吹きかけることでアトピー・乾癬が改善した」という声がたくさん寄せられています。

感謝の声を文章でいただいたものを次に二つ紹介しましょう。

《次男のアトピーについて》

生まれてから1か月ほどで顔に乳幼児湿疹が出始め、それが1か月経っても2か月経ってもなかなか引かず、何かおかしいと思い病院に連れて行くと、アトピーではないかと言われました。

湿疹は、ほっぺた、おでこ、頭皮に及び、病院からは薄いステロイド剤を処方。当時は、自分の息子がアトピーになるとは思っておらず、アトピーの知識もありませんでした。

夜になると体温が上がるせいか、寝ているときに、よく掻《か》くのでステロイド剤を塗っていました。ステロイド剤を塗ると湿疹が薄くなり、掻くこともなくなりますが、塗れば塗るほど、塗る頻度が増えていきます。

たくさんの病院を回りましたが、どこもステロイドを処方し、大学病院に至っては「中途半端にステロイド剤の治療を止めると治りませんよ！」とまで言い切られました。

しかし、その頃から、ステロイド剤へ疑問を持つようになり、自分なりに学ぶようになりました。肌を構成する栄養素のことを考えて栄養学を学び、息子にはサプリメントで栄養を補給させました。

それによって一時期よりは肌荒れもマシになりましたが、就寝時や体が温かくなると、肌が荒れてかゆみが伴う状態が数年間続きます。

息子が5歳になる年から浄化水整体を受けるようになり、指導されたセルフケアでは、かゆみがある患部と肝臓、腎臓、腸へ、乾燥したときや、かゆがったときに浄化水を吹きかけました。

すると、数か月で肌荒れがどんどん良くなっていき、普通の肌と変わらないほどに改善していきました。

今は、血がにじむほどのひどい肌荒れはなく、季節の変わり目やストレスが溜まったときに肌がカサカサするくらいで、子どもが自ら乾燥している患部に吹きかけています。

アトピーはひどいかゆみを伴います。蚊に刺されたかゆみでも嫌で仕方ないのに、アトピーを患っていると、365日、当たり前のように嫌なかゆみに襲われます。それにより、次男の顔付きはどんどん暗くなり、笑顔も少なくなり、絵を描くと黒色で塗り潰すものが多くなっていました。

かゆみのストレスがお兄ちゃん（長男）に向かったり、親に当たったりすることもあります。

そんな子どもをどうにか助けたいと親も焦り、その焦りから親の側もストレスを溜めていました。

それが、浄化水整体によって次男の肌荒れが日を追うごとにきれいになっていき、それ

「次男のアトピーが改善に向かった！」

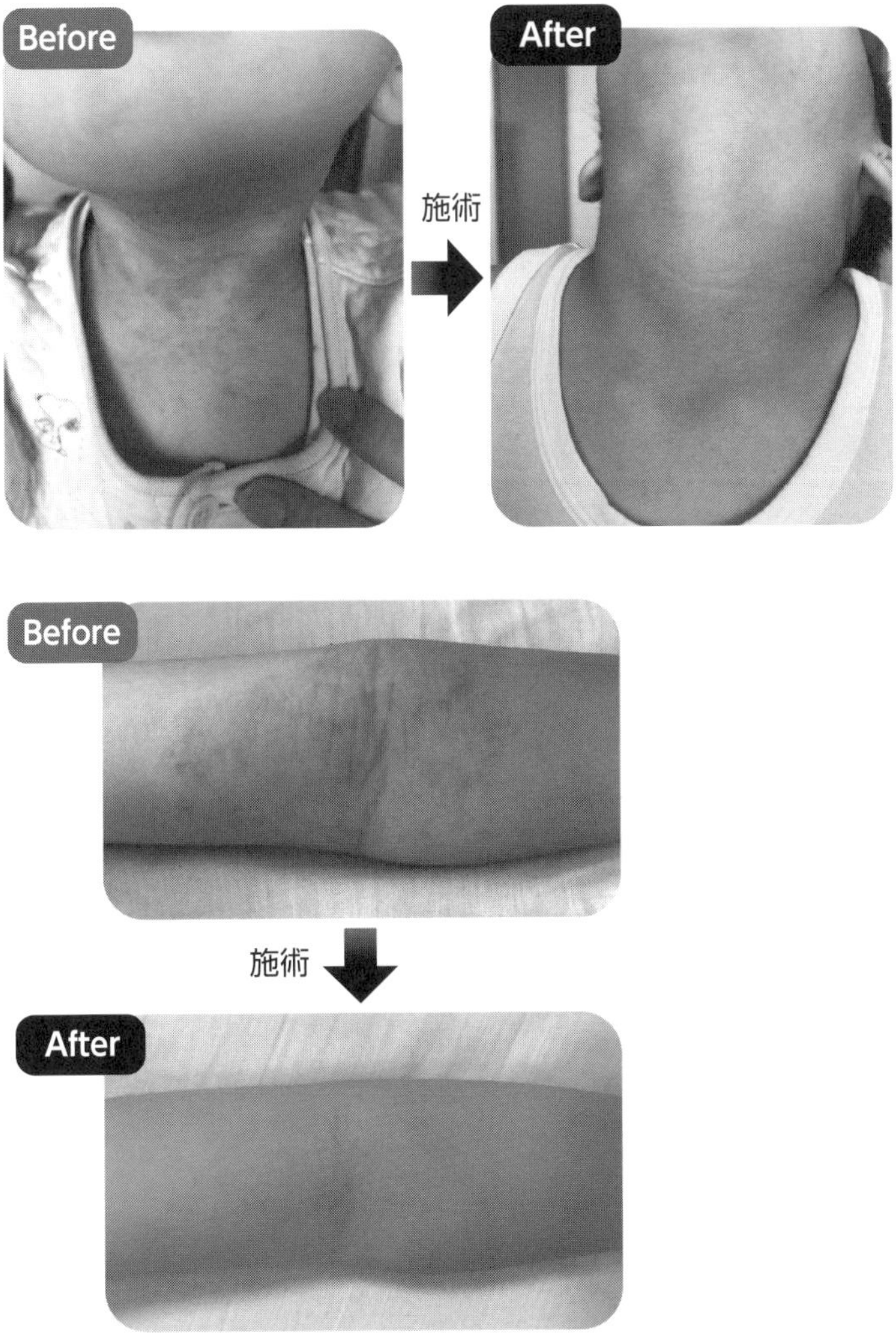

とともに、かゆみも薄れ、夜もかゆみで起きることがなくなりました。

かゆみのストレスがなくなると次男にも笑顔があふれ、幼稚園の絵の授業で使う色づかいもカラフルになり、今では家族の中で次男がムードメーカーになっています。

本当に、浄化水整体によって次男も家族も救われました。

ありがとうございました。

《父の乾癬の肌がみるみるきれいになった》

1989年に乾癬発症。

病院からの塗り薬で治療。体調が良いときほど乾癬の症状は悪化する傾向がある。特にお尻、股間のあたりがひどい。頭皮の部分もひどいです。

病院から処方される塗り薬は、マメに塗り続けたら症状はわりと良くなる。しかし、薬というよりも、保湿で良くなっている気がします。

浄化水使用は2016年の夏頃からだと思います。写真で記録したのは約1か月間です。

このときは父の希望で、浄化水の後に病院で処方された塗り薬も使用しましたが、みるみるうちに肌がきれいになりました。本人も母もこの結果には驚いていました。薬を使用

乾癬の肌が、約 1 か月できれいに

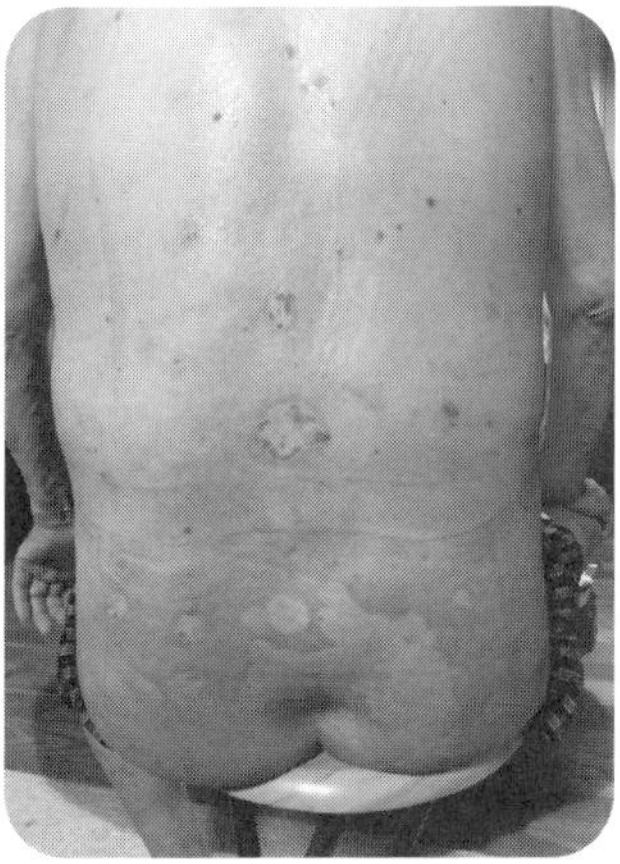

① 治療開始時 2016年8月17日

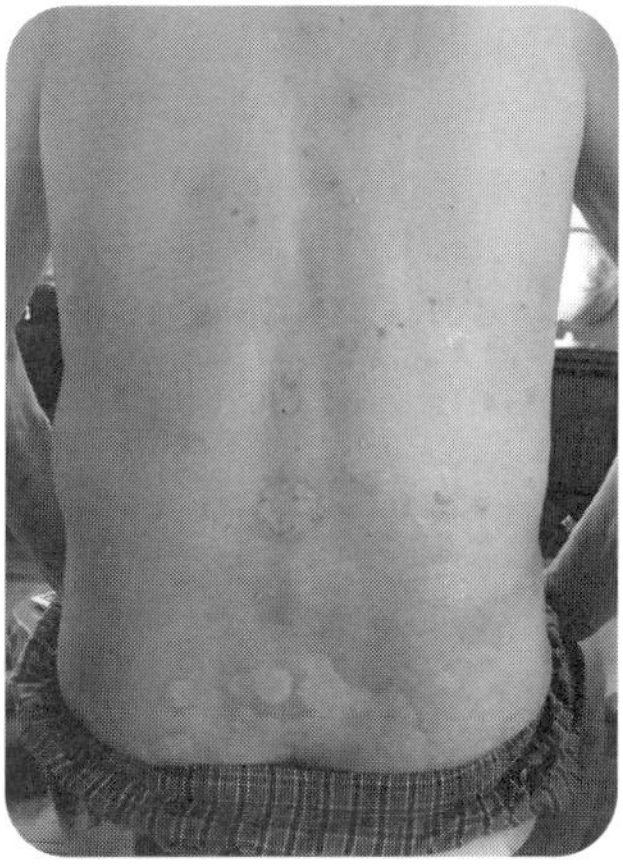

② 8 月 24 日

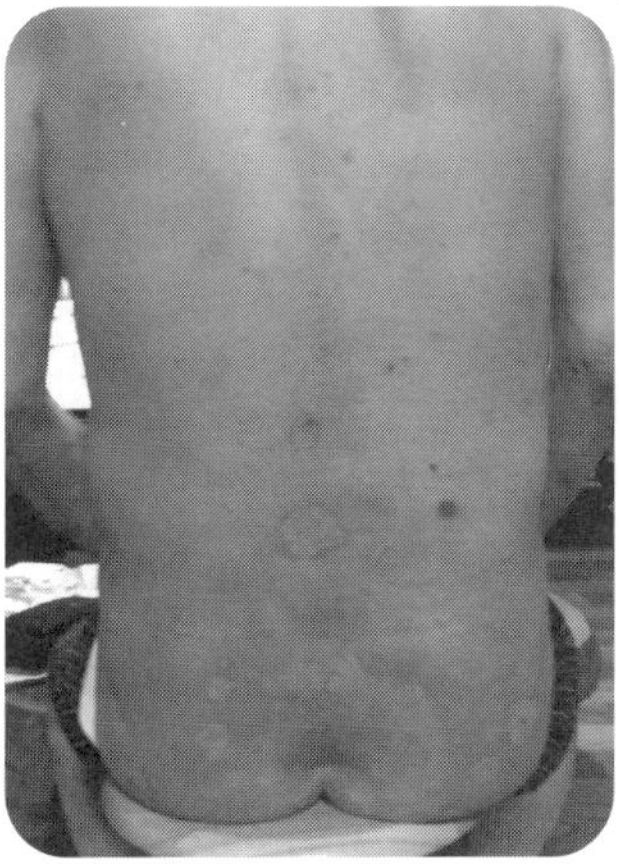

③ 9月5日

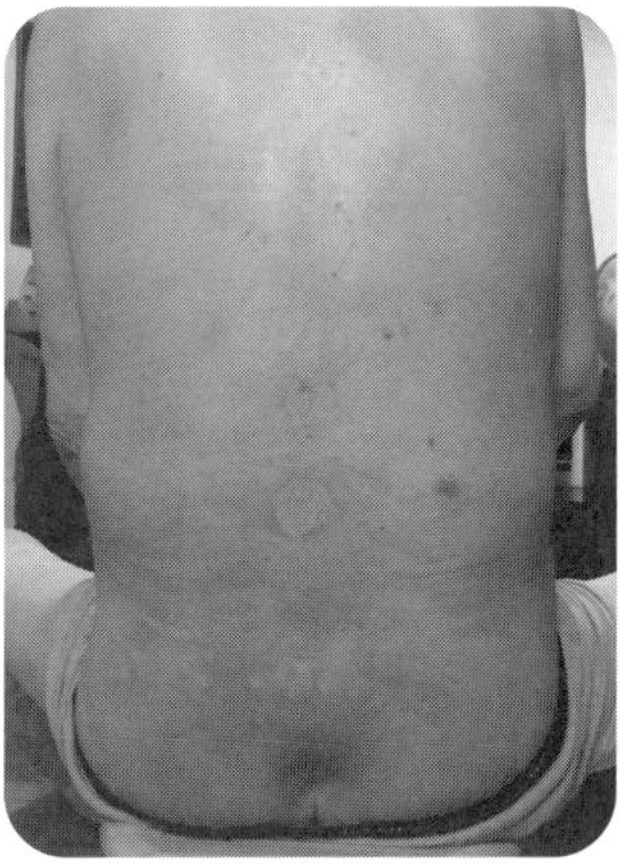

④ 9月11日

しているときよりも、きれいになったからだと思います。

父は透析を週3日受けているので、お風呂はそれ以外の週4日。お風呂の後に浄化水を全身に使用していました。

サボってしまうと悪化してしまいますが、続けたら副作用もなく改善すると思います。脊椎損傷をしてから、手のひらと足の裏にもひどい乾癬ができました。このうち手の方はかなり良くなってきています。

今回、感じたことは、この二つ（浄化水、浄化オイル）を使うと、肌が柔らかくなってくるということです。

「魂のワーク」は、基本的にはすべての病気に対応できる

「魂＝潜在意識」へ働きかけて心身の本来の状態を取り戻す魂のワークは、基本的には、あらゆる病気に対応できる治療法だと言えます。

実際に病気を治しているのは患者さん本人の自然治癒力であり、魂のワークはその自然治癒力を最大に引き出すために、体の緊張や心のストレスなどを解消して、心身が本来の

働きに戻る手助けをしているにすぎません。

しかし、それはただの手助けではなく、従来の治療法にはほとんど不可能なレベルの手助けであると自負しています。

１６１ページからの付章で、ソウルワーカーたちから寄せられた、時に奇跡的とも思える、魂のワークの症例の数々を紹介していますので、ぜひご参考にしていただければと思います。

第5章

すべての人に愛のあふれる世界を

小さいことを喜べる人ほど幸せになる

この章では、私たちが魂のワークの施術を通して学んだ、「幸せに生きるためのちょっとしたコツ」を紹介しましょう。

私たちは、魂のワークの施術で多くの患者さんに触れた経験から、小さなことを喜べる人ほど治りが早いことを知っています。

たとえば、ペインスケールで「10」だった症状が、施術で「5」にまで改善したときに、「まだ、半分も症状が残っている」ととらえるのと、「これまで何年も良くならなかった症状が半分も取れてしまった」ととらえるのとでは、その後の治るスピードが断然違ってきます。

これは、なぜでしょうか？

これまで説明してきたように、魂のワークは、患者さん本人の自然治癒力を引き出す治療法ですから、「まだ、半分も症状が残っている」ととらえてしまうのは、せっかく半分まで良くしてくれた自らの自然治癒力を正しく評価していないことになります。

人は能力を正しく評価されないと、頑張ろうという気が起きないものですが、自然治癒力も同じことで、正しく評価されないとその実力を発揮できなくなります。つまり、自らの自然治癒力を抑えていることになるわけです。

一方、「症状が半分も取れてしまった」と考える人は、自然治癒力の働きを正しく評価していることになり、それをもっとよく働かせることにつながります。

人生もこれと同じことで、小さなことを喜べる人は、その小さな喜びを正しく評価していることになり、もっともっと喜べるようになります。そういう「魂＝潜在意識」になっていくのです。

人生には楽しいこともあれば、苦しいこともあります。

楽しいことだけを選んで、苦しいことだけを避けられたらいいのですが、そううまくいくことばかりではありません。

しかし、小さなことでも喜べる「魂＝潜在意識」の持ち主であれば、どんな人生であっても、そこに幸せを見出せるはずです。そういう人は周りのことも幸せにするので、そこには幸福感に満ちた人の輪ができていくことでしょう。

依存型の人や頑張り屋は自然治癒力が働きにくい

自然治癒力については生まれつきの個人差があり、強い人もいれば、そうでない人もいます。しかし、生まれつきの自然治癒力が弱い人でも、心の持ちかた次第で健康に生きることができるし、その逆に、生まれつきの自然治癒力が強い人でも、心の持ちかた次第で病気になってしまいます。

たとえば、依存型の人は自然治癒力が働きにくい傾向になります。依存してしまうのは自分の力を信じていないからであり、それは、自分の自然治癒力を信じていないことにつながるからです。

魂のワークの患者さんでも、自分自身を治す力が備わっていることを信じて、健康を取り戻す努力をしているような人のほうが治りも早いのです。

一方、これと矛盾するようですが、努力をしすぎる人——頑張り屋もまた自然治癒力が働きにくい傾向となります。何であれ過剰なものはマイナスに働きますが、特に頑張りすぎというのは、自然治癒力にとってマイナスとなります。ところが、その「頑張る」とい

「頑張る」と言うと腕が重く感じる実験

う言葉が日本人は好きで、頑張ることは美徳とされています。

試しに、こんな実験をしてみてください。

立つかイスに座るかして、まっすぐに伸ばした腕を床と水平なところまで挙げます。しばらく挙げたままでいると重さを感じるはずです。それがどれくらいの重さなのか覚えておいてください。

次に、同じように腕を挙げて、今度は「頑張る、頑張る」と何度か口に出して言ってください。どうでしょうか？　たぶん、さっきよりも少し重く感じたはずです。もしかすると、自然に腕が落ちてきたかもしれません。

では、同じように腕を挙げて、今度は「明日も楽しくやるぞ、明日も楽しくやるぞ」と何度か口に出して言ってください。

今度は、少し軽く感じられるはずです。

不思議な現象に思えますが、これはほとんどの人に共通しています。

「きちんと感じなきゃ」と緊張すると感じにくくなるので、重さの変化を楽しむくらいの気持ちでやってみてください。

頑張るよりも楽しもう

「頑張る」と言うと腕が重く感じるのは、頑張ろうとすること自体がストレスとなり、体が緊張して筋力低下を招くためです。そのようなストレスがあると、自然治癒力が働きにくくなるのは当然のことでしょう。

具体的には、血流が悪くなり、緊張から内臓も圧迫されるので、そこからさまざまな病気に発展していきます。

こういった頑張り屋は常にストレス下にあるので、健康を害しやすいだけでなく、どうしてもマイナス思考となり人生にも苦労する傾向があります。

子どもに日頃から「頑張れ、頑張れ」とハッパをかけている人は、その子の人生を良くない方向へ導いているということです。

一方、依存型の人は自分の力を信じていないので、常に不安感がつきまとい、やはり人生に苦労するでしょう。

そこで、子どもの世話を見すぎてしまうような人もまた、その子を依存型にして、人生を良くない方向へ導いていることになります。

依存しすぎてしまったり、頑張りすぎたりする人は、ちょっとしたプラスの変化を楽しむ気持ちをもう少し持ったほうがいいでしょう。

最初の話に戻りますが、これは、小さなことを喜べる人ほど治りが早いというのと同じことです。

先ほどの実験でいうと、「明日も楽しくやるぞ」と言ったときに、腕が軽くなる変化を楽しめる人は治りも早いはずです。

その逆に、「軽くなった気がするけれど、そう変わらない」と変化を小さく評価する人は治りが遅い傾向があります。そういう人は施術の場でも、良くなっていないところを探し出そうとします。たとえ、10年間悩んできた痛みが施術で消失したとしても、いろいろ動かしてみて、新たな痛みを探し出そうとするのです。

こういう人は欲求型といって、欲求が過剰になっています。

心当たりのある人は、今日からでも少し自分を変えてみてはどうでしょうか。

小さいことを喜び、依存しすぎず、頑張りすぎず、小さな変化を楽しむことができたなら、人生は思いのほか気楽なものとなり、健康まで手に入ってしまうのですから。

過去の出来事をポジティブな物語に変える

しかし、過去につらい出来事のあった人は、なかなか前向きな気持ちになれないかもしれません。そういう場合は、その過去のネガティブな出来事を「ポジティブな物語」に変えるという、心のセルフケア法をやってみましょう。

「そんなこと無理だ」と思わず、まずはやってみてください。やってみると、意外に効果があることに驚かされます。

プロローグで、心の95パーセントが潜在意識で、残りの5パーセントが顕在意識と説明しましたが、それは働きの上で分けているだけで、心そのものは一つのものとして存在しています。

そのため、顕在意識が認識したものは、潜在意識も同様に認識することになります。ですから、自分で物語をつくってそれを認識すると、それが事実であってもなくても、潜在意識の中に入っていくのです。

たとえば、子どもの頃に嫌な出来事があったとしても、その出来事をポジティブな物語に変えてしまえば、潜在意識はそう認識します。

魂のワーク創始者は子どもの頃、祖母の家へ行った帰りに公園で野犬にかまれた経験があります。そのとき、祖母から持たされたコロッケを落として、犬はそれをくわえて逃げていきました。

こういう出来事をポジティブな物語に変える場合、

その後で犬が「ごめんね、コロッケがほしかったんだよ」と謝りにきてくれたので、その頭をなでてあげたら、うれしそうにこちらの顔をなめてくれた。それで、自分も「かわいいな、こいつ」と思った。

——という風にしてみます。

犬が話すなんて実際にはありえませんが、あくまで物語なので想像力の翼を自由に広げ

過去の出来事をポジティブな物語に変える

てポジティブな話にしてみます。

するど、潜在意識にこれが入っていき、その出来事が原因で犬が怖くなっていた人でも、犬が怖くなくなります。

ポイントは、嫌な出来事を起こした相手のことを受け入れて、認めて、尊敬して、赦す、疑わないということです。そういう気持ちになれるような物語をつくります。

「思い出したくない」とフタをするのではなく、相手を赦せないなら、赦せるような物語をつくって潜在意識に入れて相手を赦し、自分も前に進めるようにするわけです。

これは犬にかまれた話でしたが、対人関係がテーマであっても、やることは同じです。

人が相手だと少し難しいかもしれませんが、相手の視点に立って、その行動や思いを理解してみて、それを赦せるような物語をうまくつくってみてください。その際、互いに和解できるようなエンディングがいいでしょう。

それが本当の話でなくても潜在意識には確実に影響を与え、その出来事への受け取り方も変わっていきます。

顕在意識はその物語が事実でないことを知っていますが、心の95パーセントを占める潜在意識が変わることで必ず変化は起きてきます。

その変化は体にも現れるでしょう。たとえば、事前に前・後屈をして体の硬さを確認してから、この物語づくりの後に再度、前・後屈をすると、体の柔軟性が増しているはずです。これは、潜在意識にあったネガティブな思いが軽減した結果、体の緊張が和らいだということです。

誰でもできて、とても効果のある手法なので、ぜひ試してみてください。

被害者意識を手放すと加害者はいなくなる

多くの人は自分の立場でだけ考えるクセがついていて、相手の立場になることがなかなかできません。過去のネガティブな出来事についてもそうで、どうしても自分だけを一方的な被害者としてとらえてしまいがちです。

しかし、改めて考えてみると、実際の物事はそう単純に「被害者VS加害者」という図式ではとらえきれないものです。

過去の出来事をポジティブな物語に変えるときにも、そこがポイントになってきます。

つまり、嫌な出来事を起こした相手のことを受け入れて、認めて、尊敬して、赦す、疑わないというのは、自分自身の被害者意識を手放すこととイコールなのです。

魂のワークの施術で多く遭遇するストレスが、自分が生まれ育った文化とは違う文化へ新たに入っていくことによるストレスです。これは、そういう状況に置かれた人が、「被害者VS加害者」という図式に陥りやすいからでしょう。

たとえば、子どもが初めて幼稚園に入るときには、その新たな環境（文化）になじめない場合、強いストレスになります。

自分以外がみんな敵（加害者）であるように感じられることもあるでしょう。まさに、「被害者VS加害者」という図式です。

小学校に上がるときにも、中学校に上がるときにも、高校に上がるときにも、そして、大学に入るときにも、そういうストレスが生じる可能性があります。

さらには、就職や転職のときもそうですし、結婚もそうでしょう。

特に、夫の実家へ女性が入るケースでは、いわゆる「嫁姑問題」が起きやすいものです。「嫁」が夫の実家の文化になじめない場合、被害者意識を覚えるでしょうし、その逆に「姑」の側でも、「嫁」のことを「異文化が侵入してきた」ととらえ、やはり被害者意識を覚えているかもしれません。

そのように、人間というものは、どうしても自分の立場だけで考えてしまうものです。

しかし、一方が被害者意識を持つと、もう一方は自分が加害者扱いされていることを不快に思い、かえって加害的な行動をとってしまうため、行き過ぎた被害者意識は状況をマイナスな方向へ向かわせることになります。

そういう場合でも、その「被害者VS加害者」という意識を、ポジティブな物語をつくって手放してみると、現象そのものが変化してきます。

嫁姑問題でいうと、「嫁」の側が被害者意識を手放すと、「姑」の側も自然に嫌な態度をしなくなることがあります。

これを、「被害者意識を手放すと加害者はいなくなる」と考えてもいいでしょう。ポジティブな物語をつくることには、そのように現在進行形の出来事を変える力もあるのです。

自力で乗り越えられない苦しみは魂のワークへ

ポジティブな物語をつくることは、人生を前向きに生きようとするときに、とても役立つ手法ですが、意図的に暴力を振るわれるなど、あまりに加害的な行為をされてしまうと、それだけでは相手への恐怖や恨みを拭えないことがあります。

その場合、相手の立場になることも、被害者意識を手放すことも、大変難しいからです。家族が犯罪被害にあい、自らもそのショックでうつ病になった人のケースでは、なんとかポジティブな物語をつくろうとしても、思い出すと気持ちが沈んでしまうばかりで、どうしてもそれができませんでした。

しかし、そういった場合でも、魂のワークなら気持ちをそこから一気に解放することが可能です。

自力で乗り越えるべき試練であれば、長く思い悩むことも人生経験の一つになりますが、そうでなければ、なるべく早く悩みから解放されたほうがいいでしょう。

魂のワークはそのための最善の助けとなるはずです。

そうやって、すべての人が心の苦しみを解放していったなら、自然に愛があふれた世の中に変わっていくでしょう。

付　章

症例報告

認定院・認定施術者

「魂のワーク®」で心身の問題が劇的に改善した！

荒木 弘行　なごみ整骨院

大阪府大阪市阿倍野区阿倍野筋4-2-9　1階
TEL. 06-7164-8690
URL https://nagomi-osaka.com

◘ 魂のワークをなぜ学ぼうと思ったか、そのきっかけ

柔道整復師の学校に在学中、大好きだった祖父から「体が痛いから治療をしてくれ」と言われても、治療の術もなく、痛いところをさする程度でした。学校では骨折・脱臼の整復は学んでも治療法は学びません。そして、あと少しで卒業という時、祖父ががんで亡くなりました。その時、自分の力のなさを悔やみ、筋肉だけでなく人の体に関わることすべてにアプローチできる治療家になろうと誓いました。それができるのが魂のワークだったので、迷わず学ぼうと思いました。

◘ 魂のワークを通じて学んだこと、気づいたこと

人の痛みや不具合は、物理的な刺激なしでも変化することに気づけました。身体の諸症状には目に見える原因もあれば目に見えない原因（エネルギー体や過去世やアカシックレコードなど）もあり、人はそれらから、とても影響を受けていることがわかりました。

◘ 魂のワークの施術により改善された代表的な症例

患者さんのお母さんが左半身のシビレにより入院。検査を受けるも脳梗塞の形跡はなく、何らかの原因で脳の神経が痙攣したとの診断でした。

その後、約1週間で退院。しかし、退院3日後に左半身にシビレが出たので再入院となり、以降、20日間ほど入院。血をサラサラにする点滴を施しましたが、16日目時点ではまだ点滴を止めるとシビレが現れます。

そこで、入院中のお母さんの代理として娘さんの体を通して魂のワークを施したところ、原因として、お母さんの二つの過去世が関係していたので、そこへアプローチしました。代理となった娘さんのチャクラに（エネルギーを）発動した途端、娘さんが「悲しくもないのに、なぜか涙が止まらない……」と涙を流されました。その翌日からお母さんにシビレは出現しなくなり、退院後もシビレは再発していません。

◘ 患者様からの感謝の声

「何年間も重く痛かった腰が、悩みを消し去ってくださったことで、まったく痛みもなくなりました」。「1か月後に手術予定だったのに、手術しなくて済みました。ありがとうございました」。

◘ 心身の健康に対するモットー、理念

当院にお越しになり、私たちと関わった人には、少しでも笑顔になってお帰りいただくことをモットーとしています。そのために全身全霊で患者様と症状の原因に向き合い、原因不明でどう治療すればいいかわからない症状に対し、魂のワークでお力になり、治るお手伝いをさせていただきます。

Soul work
魂のワーク®

青山 千佳代　　カイロプラクティックAOYAMA

静岡県浜松市浜北区中瀬5354-8
TEL. 090-6075-2220（女性専用）

◎ 魂のワークをなぜ学ぼうと思ったか、そのきっかけ

カイロプラクティックの仕事をずっとやってきましたが、患者様のお体の施術はできても、自分の体はなかなか良くできず、「何でこんなにだるいんだろう」と、いつも体がだるくて背中もこっていて痛い……という状態が続いていました。

ある日、ある整骨院の無料体験会の案内を見かけて体験施術を受けてみることにしました。どんな施術をしたか覚えていないのですが、こっていた背中が楽になって初めて痛みが消えたので、その後、何回か施術に通うことになります。

最初は自分の仕事のことは伏せていたのですが、途中で「実は私、カイロプラクティック院をやっているんです」とお伝えしたところ、「じゃあ、魂のワークを学んでみたら」とお声をかけていただき、学ばせていただくことになりました。

魂のワークを学んでから、私の体の状態はますます良くなっています。時々は以前のような状態が出てきますが、その痛みも魂のワークによって自分で対処できるようになり、感動しています。

◎ 魂のワークを通じて学んだこと、気づいたこと

世の中には整体院や整骨院などがたくさんありますが、どれくらいの人が良くなっているのか、ずっと疑問でした。しかし、魂のワークによって不具合を取ってあげられるということを、目には見えない力ではありますが、自分の体で実感したので、学んで間もない私ですが、もっと皆さんにこの施術をやってあげられたらと思っています。

◎ 魂のワークの施術により改善された代表的な症例

私は年配の患者様のところへ訪問施術に行くことがあります。その中に股関節が固まって動かしにくい方がいるのですが（高齢の方に多い症状です）、魂のワークで施術してから股関節を動かしてみると、それまで関節がひっかかったようになっていたのが、すぐにスムーズに動くようになります。

また、首が痛くて苦しんでいる方に魂のワークを施した時は、すぐに「あ、痛みがなくなった」とのことで、即効的に痛みが取れました。私の経験からも、とにかく、体がすごくいい状態になるという感じです。学んでから間もないので、これから経験を積んでいきたいと思います。

◎ 今後の抱負

いろいろな方の苦しみや痛みを取ってあげたいという思いで活動しています。整骨院などに通えない方は、声をかけていただけたなら、その方の家まで行ってあげたいと思います。お金儲けではなく社会に貢献できたらと思っています。

伊藤 塁　　なごみ整骨院

大阪府大阪市阿倍野区阿倍野筋4-2-9　1階
TEL. 06-7164-8690
URL https://nagomi-osaka.com

◎ 魂のワークをなぜ学ぼうと思ったか、そのきっかけ

以前、別の整骨院で施術していたころ、患者様から「気持ちいいけど明日には元に戻っている」という声を聞くことがあり、何か良い施術がないかと探していました。そんな時、現在、なごみ整骨院で一緒に院を開業させていただいている荒木先生の紹介で、魂のワークを創始された先生に会わせていただきました。

その時に受けた体験施術は衝撃でした。触らなくても体が変化して施術の結果が出ることを知り、また、お話を聞いて、これまでの自分の施術があまり良いものではなかったと痛感しました。そして、自分が患者様に施術したいのは魂のワークだと思い、学ばせていただいております。

◎ 魂のワークを通じて学んだこと、気づいたこと

体だけでなく心の面も健康に大きく関わりがあることを学ばせていただき、気づきました。これまでは体のゆがみだけを整えて施術を終えていましたが、魂のワークでは、体を整えていても心にストレスを与えてみると体にゆがみが出てくることがわかります。体だけでなく心のストレスとなっているモノに対しても対応できるのが、魂のワークの「すごい」と感じるところです。

◎ 魂のワークの施術により改善された代表的な症例

腰痛で3か月前からずっと、前屈《かが》みになると痛いというケースでは、魂のワーク式骨盤調整と、脳反射刺激療法の骨盤調整と筋肉調整で全身のバランスを整えたところ、前屈みになっても腰痛が出なくなりました。

また、朝起きた時に腰が痛いというケースでは、足の長さが違っており、ストレスから体のゆがみが出ていました。施術では、魂のワーク式骨盤調整と筋肉調整で全身のバランスを整え、さらに、魂のワークによるストレス除去を施したところ、足の長さが揃って腰が軽くなりました。また、ストレスを感じることがなくなったそうです。

◎ 患者様からの感謝の声

「ストレスから体のゆがみが起きていることを体感して驚いた。体だけでなく心もスッキリ軽くなったので満足感があり、ほかの整骨院とは違うと思った」（48歳女性）。

「痛みを伴う施術ではなく、とてもリラックスして受けられる。施術後の体の変化にとても驚きました」（27歳男性）。

◎ 心身の健康に対するモットー、理念

心と体は自転車の両輪だと思います。心と体のどちらかがパンク（悪くなる）すると自転車は思うように動いてくれません。体だけでなく心の面でも楽に自転車を進められ、そして楽しい毎日を過ごせるサポートをさせていただければと思います。

梅原 康孝　　梅原鍼灸整骨院

高知県高知市和泉町8-9　TEL. 088-873-3302
高知県須崎市大間西町2-13　TEL. 0889-42-3302

◎ 魂のワークをなぜ学ぼうと思ったか、そのきっかけ

身体の症状を消すこと、治療の意義に疑問を感じて、どこかやり切れなさを覚えていた時にお声がけいただきました。

◎ 魂のワークを通じて学んだこと、気づいたこと

魂のワーク協会は、患者様のつらさを和らげることに終始していただけの自分に、まずは人として向き合うことの大切さを教えてくれました。正面からその方を症状ごと受け入れて、理のもと、真摯に丁寧に対応します。そのために自分や院内を整えておくなど、施術だけでなく全体の流れで皆さんと向き合えるようになりました。また、物理的な刺激なしで物事は変化することを目の当たりにし、概念が一変しました。

◎ 魂のワークの施術により改善された代表的な症例

11歳から45年間も続く原因不明の頭痛による頸部硬直の女性。うなずけなかった状態から、立位のままの1～2分の非接触アプローチにより下を向けるようになりました。「あれ？　私、背が高いので（頭を下に向けないことで）いつも見下ろすように思われるのがつらかったんです……。でも、下を向けます!」とのこと。週1回の常備薬だった偏頭痛の薬も今は持っていないそうです。

また、20年前から坐骨神経痛を患い10年前からブロック注射を受けてきた76歳女性の症例では、来院時、腰が90度に曲がって伸びず、手をひざについてなんとか歩けるという状態でした。台所に立つ時も、左ひじをまな板についてやっとのことで包丁を使っていたそうです。このケースでは、頭蓋調整と末端調整により1年半かかりましたが、現在では腰が伸び、軽く走れるまでになっています。最近はさらに肌つやが良くなり、若返って本当に幸せそうだと紹介者の方がおっしゃっていました。

いずれのケースも、その方の生命力を尊重する魂のワークだったからこそ対応できたと感じています。

◎ 心身の健康に対するモットー、理念

さしあたっての対処を求める患者様のお願いは丁重に扱わなければならず、メンタル、身体の軸、体内の不均衡、姿勢などに包括的に少しずつ、丁寧に対応していくことこそが幸せな将来につながると考えています。

◎ 今後の抱負

すさまじい環境・社会ストレスの中、漠然と食べたり、とりあえず運動をしたり、治療を受けたりすることで健康が損なわれています。そのような状況の中、自分としては今後もスキルを上げ、情報発信をしつつ、まずは患者様から、先は地域へと活動の場を広げ、微力ながら社会に貢献したいと思っております。

小澤典子　女性専門カウンセリングサロン ココロハレル

愛知県名古屋市緑区
TEL. 050-3577-8064
URL https://kokorohareru.com

◉ 魂のワークをなぜ学ぼうと思ったか、そのきっかけ

私は毎日の子育てに悩み、いつもイライラして怒ったり、落ち込んだりする毎日を過ごしていました。そんな時に出会った魂のワークは、私のイライラとした、手放したい感情を消してくれました。心がとても軽くなって楽になりました。

もっと自分の心の中の手放したい悩みを消せたらいいなと思い、魂のワークを学ぶことにしました。

◉ 魂のワークを通じて学んだこと、気づいたこと

愛を持って楽しむことが大切だということを学びました。愛を持つ、とは自分勝手にならないこと。そして、そうならないためには自分の大切な人を思うこと。私の場合、愛する子どもを思うだけでいいということでした。

それから、悩んでいる方の役に立てたらいいなと思い始めました。そして、手放したいという悩みを抱える一人の女性に対して魂のワークをしました。

心の悩みの内容を聞かずに魂のワークを施したのですが、「なぜあんなに悩んでいたのか、なぜ自分の中であんなにトラウマにしていたのか不思議に感じるほどです。長年の苦しみから解放されて、やっと前に進んで行けます」という感想をいただきました。前向きな気持ちになられたようで、本当に良かったです。

◉ 魂のワークの施術により改善された代表的な症例

子どもや夫など家族との会話が減って不安だという女性。カウンセリングで悩みを吐き出せて心が軽くなり、解決方法もわかって進むべき方向も見えてきましたが、まだ自信がない様子だったので魂のワークを施すことにしました。施術後、「心にあったモヤモヤがスーっとなくなって、ゆったり安心するような、とても落ち着く気持ちです。家族を思い出すと、いつも出てきたイライラが消えて、ゆったり安心した私に変わったみたい」と前向きな様子になられました。

◉ 患者様からの感謝の声

「家族に対して不満がたくさんあったのに、つらい感情が消えたことで、そういう気持ちも消えて、今では家族みんな仲良く楽しく過ごせるようになりました」。

「子どもへのイライラが消えたせいか、子どもが素直になって笑顔も増えてきた」。

「苦しい気持ちがなくなった」。「トラウマが消えてスッキリ!」。

◉ 今後の抱負

人は悩みがあるだけで笑顔がなくなります。心にストレスを溜めないことが元気でいられることだと思っています。これからも、子育てや人間関係に悩んでいる女性を笑顔にしていきたいです。

栫《かこい》　良夫　　整体らくらく

福岡県八女市本村389-10 清水町商店街
TEL. 080-3379-2255
URL http://www.seitai-rakuraku.com

◎ 魂のワークをなぜ学ぼうと思ったか、そのきっかけ

自分がギックリ腰になった時、たまたま友達が「魂のワーク」を習得しており、LINE電話経由で治療を受けたところ、30分後にはスクワットができるくらいまで回復。それに感動して、これからの自店舗での施術に必要性を感じました。

◎ 魂のワークの施術により改善された代表的な症例

うつ病で「死にたい」といつも言っているような方。1か月くらい仕事ができておらず、当院には紹介で来院。話している時も何度もため息をついており、調べてみると三つほど解放しなければならない感情があったので、魂のワークで施術しました。一つ目、二つ目の感情では変化がありませんでしたが、三つ目でため息がなくなり、施術ベッドから体を起こす時も「頭の重さが消えた」とのこと。見た感じも元気そうに変わっていました。

その後、この1回の施術で「死にたい」という気持ちがなくなり、仕事にも復帰されたそうです。

◎ 患者様からの感謝の声

S・Yさん（女性）。精神の障がい者手帳をお持ちの方で、パニック障害、およびうつ病で悩まれています。

「魂のワーク……何だろう？　そんな半信半疑で施術を受けました。1回目は不眠についての施術。そのころ私は睡眠導入剤を11錠も飲んでいて、薬を飲まなくなれば便秘も治るのでは、という考えで施術を受けました。施術を受けたその夜は、おかしいくらい眠たくて眠たくて仕方ありませんでした。それから私は睡眠導入剤なしでも眠れるようになり、眠れない時でも、ほかのことをして夜を過ごせるようになりました。

それをきっかけに、私は今まで薬に依存してきたことを自覚し、いっさいの抗精神薬とさよならしました。私の場合、極端な性格なので一気に薬とさよならしましたが、ほかの抗精神薬をお飲みの方は少しずつ薬に頼らない生活ができるといいですね!

次に私が受けた施術は禁煙について。誰もが苦しむ禁煙ですが、私はいとも簡単に禁煙に成功しました。とにかく、『整体らくらく』に行くようになってから、すべてがいい方向に進みました。今まで悩んでいたことが、一気に解消しました!!」

◎ 心身の健康に対するモットー、理念

心も体も楽になり、笑顔あふれる充実した日々を過ごすサービスの提供。

◎ 今後の抱負

体のメンテナンスだけでなく精神面のメンテナンスも多くの方に提供していき、まずは、福岡八女を愛あふれる地域にすることを目指します。

此本《このもと》 崇　　なごみ整骨院

静岡県浜松市中区高林2-2-6
TEL. 053-472-0753
URL http://kabungm.com/totalit

◘ 魂のワークをなぜ学ぼうと思ったか、そのきっかけ

いろいろな患者様を診ていくうちに、体だけでなく心の問題を抱えている人が多いことに気づき、そこを改善したいと考えていたところ、出会ったのが魂のワークです。プレセミナーで、体の問題だけではなく心の問題も抱え、血流の悪いような、くもった表情の患者様に魂のワークを施した瞬間、血流の良い笑顔になったのを目の当たりにしました。その圧倒的な結果にすぐ学びたいと思い、学ばせていただいています。

◘ 魂のワークを通じて学んだこと、気づいたこと

体の問題だけではなく、心に問題を抱えている患者様も診て、楽になっていただくお手伝いができるようになりました。本当にこの世の中はストレス社会だと改めて思います。ストレスを抱えていない方はいないのではと思うようになりました。

◘ 魂のワークの施術により改善された代表的な症例

潰瘍性大腸炎の患者様が病院を抜けて来院。1回の施術でお腹の痛みが改善し、その後、病院での画像検査で炎症の改善が確認されたそうです。そのほか、動物病院に入院治療しても改善しなかった、原因不明で立てなくなった猫が、魂のワークの1回の施術で歩けるようになっています。数回診させていただいて完治となりました。

◘ 患者様からの感謝の声

「魂のワークを知人の紹介で受けさせていただいたら、不登校の息子が学校に行けるようになりました」。

「子どものときの事故で70年前から聞こえなくなった耳が聞こえるようになり、本当に感謝いたします」。

「頭痛で10年以上薬を飲まない日がなかったのですが、過去のトラウマを解除していただいたら改善しました」。

「子どもの頃から腰痛を忘れたことがありませんでしたが、魂のワークを受け、瞬間で痛みがなくなりました」。

「死んだ息子のことを忘れられず前へ進めない状態でしたが、魂のワークを受けたことで、出来事を忘れたわけではありませんが受け入れることができました」。

◘ 心身の健康に対するモットー、理念

体の施術だけでは改善しない問題が多いので、脳反射刺激療法や魂のワークで患者様と二人三脚で、心と体の健康のお手伝いをさせていただきます。魂のワークの可能性は無限大だと思います。どこに行っても改善しない心と体の悩みを抱えている患者様の力になれるよう日々精進して、魂のワークを生涯学んでいきたいと思います。

すべての人々に愛があふれるように……。

小林 タカエ

東京都江東区亀戸在住
takae.kobayashi57@gmail.com

◎ 魂のワークをなぜ学ぼうと思ったか、そのきっかけ

魂のワークを学ぼうと思ったのは、昔から「魔法使い」になりたかったからです。魂のワークは本当に魔法みたいでワクワクしました。

◎ 魂のワークを通じて学んだこと、気づいたこと

魂のワークを通じて気づいたことはとてもたくさんありますが、一番は「してあげたい」という思いは驕りであり、本当の愛ではないということです。

◎ 魂のワークの施術により改善された代表的な症例

ひざが痛くて気持ちも沈んでいた70代女性のケースでは、魂のワーク・レベル2の技術で痛みを緩和し、レベル3で感情・トラウマを解除しました。これまで、したいことを我慢して家族に尽くしてきたそうですが、ワーク後は軽い足取りで帰られて、週2〜3回ほど大好きな麻雀に通うようになったそうです。

人間関係がうまくいかず、呼吸もしにくいという40代女性のケースでは、魂のワーク・レベル3の技術で感情・トラウマを解除したところ、「自分は自分でいいのだ」と気づいたそうです。周りにどう思われているか気になっていたのがウソみたいとのこと。体の柔軟性も増して呼吸も深くなりました。

首がいつも痛くなるという30代女性のケースでは、朝から首が回らないという訴えで、調べてみると自分でも無自覚な怒りや心配事が原因とわかったので、魂のワーク・レベル3で施術したところ、その場で首が回るようになりました。

そのほか、30代男性がギックリ腰で腰が曲げられず、部屋を歩くのもつかまり立ちしかできなかったのが、魂のワーク・レベル1と2の施術で、すたすた歩けるようになった症例も印象的でした。

◎ 患者様からの感謝の声

「自分でも自覚のないことや、話したくないことを話さないで、しかも、短時間に変化を体感できるのがびっくり」。

「柔軟性など目に見えることも変化しているのが不思議」。

「楽になって、やりたいことが見つかった。毎日イキイキ生きられるようになった」。

◎ 心身の健康に対するモットー、理念

すべて必要なことしか起きていない。すべてはサインで、いいも悪いもない。私自身がワクワク面白がっていることこそ最大の癒しであるように思います。

◎ 今後の抱負

今後もワクワクと子どものような自分であり続け、ご縁のある方と一緒に楽しみたいと思います。すべてのことに感謝と愛を込めて……。

阪本 里絵　　誠整骨院

東京都豊島区巣鴨1-14-6　第2松岡ビル2F
TEL. 03-6902-0379
URL http://www.makotoseikotsuin.com

◎ 魂のワークをなぜ学ぼうと思ったか、そのきっかけ

「人」の行動心理に興味があり、アメリカの4年制大学で犯罪学、社会学、人種差別学を専攻後、日本でNLPカウンセリングの資格を取りました。カウンセリングを学ぶにつれ、心と体は一つであることを痛感。当時、患者として訪れていた誠整骨院で、森院長が「心身一体」を説いていたことに感銘を受け、魂のワークと出会いました。

◎ 魂のワークを通じて学んだこと、気づいたこと

これまでは、「心の悩み」を解消するには、短い時間で済むNLPカウンセリングで向き合うことが一番の近道と思っていましたが、魂のワークはそれよりもはるかに早く効果的で、「悩み」に対する向き合い方の概念ががらりと変わってしまいました。

ワークの時間は20分程度。これだけで、何十年も抱えてきた潜在意識に埋もれたトラウマを解消し、それ以降の人生で悩まされることがなくなります。

◎ 魂のワークの施術により改善された代表的な症例

①母親の虫歯が完治

左奥歯の詰め物をした歯が痛み始める。歯が浮いて痛く、噛む際にも痛い。頬とノドが腫れて顔は熱を帯びた状態。1日5分の魂のワークを続けたところ、ワーク中、「ぶじゅぶじゅと歯ぐきから何か出てきている感じがする」とのこと。毎回の施術後、頬とノドの腫れと熱が引いていた。1週間ほど毎日施術を繰り返した結果、痛みも腫れも完全にひいた。念のため歯科医院で診断してもらうと、虫歯だった跡はあるが、もう治っていると診断される。歯科医師は「何か処置をしたか」と不思議がっていた。

②肉離れ

ラグビー部の学生が練習中に肉離れで動けなくなったが、魂のワークで患部の痛みが和らぎ、じかに歩けるようになる。翌日から練習復帰。

③アルコール依存症から脱出

お酒がないと不安で、お酒の力を借りないと眠れない。落ち着かず、イライラして人に当たってしまう……という症状の方。魂のワークを施してから半年が経つが、一切お酒を飲みたいと思わなくなった。顔色に透明感が出て、表情も柔らかく、イライラや小さなことで心配することもなくなった。

◎ 心身の健康に対するモットー、理念

人間が健康でいるためには心と体が元気でなくてはなりません。これまでの常識にとらわれる必要はありません。悩みから解放されるために長い時間と高額な費用を費やす時代は終わりました。抱えている悩みがあるのなら今すぐ手放し、本来求めていた明るい未来を歩んでください。

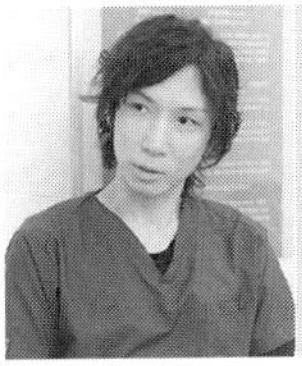

佐々木 優　Sasaki Bonesetter

TEL. 協会へご連絡ください。053-472-0753
sasaki.bonesetter01@gmail.com

◎ 魂のワークをなぜ学ぼうと思ったか、そのきっかけ

過去15年以上、徒手療法による整体を営んでおりました。そこで、すべての患者さんのお体の状態に対して真摯に取り組んでいましたが、精神の不調や難病等、一部対応しきれないものがあり、それを何とか解決する術がないかと当惑していました。

そのタイミングで、魂のワークの見せてくれる治療結果に、その解決法を見出したことが、この治療法を学ぶきっかけとなりました。

◎ 魂のワークを通じて学んだこと、気づいたこと

心理学を大学で学んでいましたが、森田式や認知行動療法、カウンセリング等のほかに、魂のワークで発揮される潜在意識の調整が実際に可能だということに感銘を覚えました。

◎ 魂のワークの施術により改善された代表的な症例

うつ、統合失調症、労作性狭心症、登校拒否、花粉症、椎間板ヘルニア、アトピー性皮膚炎、たんこぶ（内出血）。

◎ 患者様からの感謝の声

「魂のワークを受けたから、リトミック（音楽を用いた情操教育）による乳幼児教育や、そのレッスン中に子どもの表情がみるみる変わりました。それは、私が佐々木先生にネガティブなトラウマを消去してもらったおかげだと思います。私は講師として長年（リトミックに）携わっていますが、奏者にトラウマがない状態だと、演奏中に子どもの笑顔がハツラツとしていることに気づき、とてもうれしくなりました。その日はうれしすぎて、ごほうびに大好きなキルフェボンのケーキを食べました。いつも以上においしく感じられました」（30代女性）

◎ 心身の健康に対するモットー、理念

抑圧の解放と真摯な姿勢、そして、すべての人々の喜び。

◎ 今後の抱負

今ここで皆さんに誠意ある対応を行うことが、今後につながると思います。

鈴木 佳織　　誠整骨院

東京都豊島区巣鴨1-14-6　第2松岡ビル2F
TEL. 03-6902-0379
URL http://www.makotoseikotsuin.com

◎ 魂のワークをなぜ学ぼうと思ったか、そのきっかけ

大学卒業後、理学療法士として勤務。心身の不調があり友人の紹介で2013年に誠整骨院を受診し森誠先生と出会う。通院により心身の状態が改善し安定。同時に森先生のセミナー等にも定期的に参加するようになり、魂のワークを知る。

非接触かつ瞬時に筋・骨格調整、疼痛軽減～消失、内臓調整、さらに潜在意識に溜まった不要な感情やストレス・トラウマを解放してしまう魂のワークに、それまでの常識がくつがえされ、そのすばらしさに魅了される。

2014年に魂のワークを習得し、主に自らに対して施術・浄化を行ったことで、溜まった不要な感情等を上手に解放することが、元気に魂の望む方向に沿って、いきいき生きることにつながると気づく。また、魂のワークによって、自分らしく、楽で幸せに生きられるようになっていくことを体感。少しでも多くの方がより自分らしく生きられるようお手伝いがしたいと思い、2017年より魂のワークの施術を開始する。

◎ 魂のワークの施術により改善された代表的な症例

40代男性の例。「仕事での年上の男性（60代）との人間関係で腹立たしく感じている」「肝臓あたりが痛い」との主訴。魂のワーク・レベル3の技術で、第1・3・5・6チャクラに溜まった感情等を解放したところ、立位体前屈が5センチから8センチへ、体幹側屈が左右ともに2センチ分より曲がるようになり、自覚的感情のペインスケール10段階評価が「10」から「0.3」へ。施術後は「（腹立たしさが）ほとんどわからない、出てこない」「体が軽くなった」との感想。施術により体の柔軟性が改善し、感情もほとんどわからない程度へ変化し、自覚的にも変化をとらえられている。

幼い頃の父親との関係から生じていた、発言することへの恐れや言えない悲しみから怒りが溜まりやすく、トラウマとなって、現在に至るまで仕事の人間関係に投影されていたが、そのトラウマ・感情が滞りなく解放できた症例となった。

◎ 患者様からの感謝の声

「自分の父親との関係で嫌な部分を解放しようと思っていました。これは私にとって、あと10年はかかると思っていた、手放したいことでした。その手放したいことがほぼ数分でなくなっていたのには驚きました」。

◎ 心身の健康に対するモットー、理念

元気に健康でいられるのは、ストレスを溜め込まず心がいつも自然体で、魂の声に沿って生きている時。今後、魂のワークのほかMKTヒーリング等の施術にて、一人でも多くの方々が不要なストレスを解放して、より自分らしく、楽で幸せな人生が送れるようお手伝いできたらと思っている。

武田 正　Reborn Salon COCORO R

愛知県名古屋市中川区高畑4-77 TKG第6ビル1D
TEL. 052-304-9974
URL https://sinkyu-cocoro.com

◘ 魂のワークをなぜ学ぼうと思ったか、そのきっかけ

魂のワーク協会に所属している先生方の志が、私が目指しているものと同じだったこと。そして、先生方が楽しく魂のワークをされていることも、まさに私が目指しているものでした。

◘ 魂のワークを通じて学んだこと、気づいたこと

魂のワークだけですべてが改善するわけではありませんが、その人の望む未来を助けることは大いにできます。今まで踏み込めなかった領域にまで、魂のワークだと簡単に踏み込むことが可能でした。

（トラウマなどの原因となっている）過去の出来事のリーディングもすごく簡単にできることにビックリしました。自分の知識を増やせば増やすほど、魂のワークでできることがドンドン広がると感じています。

◘ 魂のワークの施術により改善された代表的な症例

・十数年間も腰痛で悩まされていた方が、魂のワークを3回受けただけで全快となり喜ばれた。
・1年くらい止まっていた生理が脳反射刺激療法の内臓調整により再開。
・原因不明の耳鳴りが魂のワークを受けたところ激減した。
・内反小趾が数回の魂のワーク施術で痛みがなくなり、快適に歩けるように。
・一人で電車やバスに乗れなかった方が、魂のワークの翌日には乗れるように。

◘ 患者様からの感謝の声

「何十年間の腰痛は何だったんだろう？　不思議だけど、ありがとうございます」。

「生理が来て、肌の調子も良くなってうれしいです」。

「耳鳴りが完全に消えたわけではないが、前に比べたら全く良いから十分です」。

「ずっと痛くて悩んでたけど、足が軽くなってうれしい」。

「電車やバスに乗ると動悸とかしていたので、本当に大丈夫か半信半疑でしたが、乗ってみたら大丈夫でした」。

◘ 心身の健康に対するモットー、理念

体には自然治癒力が備わっていて、元に戻る力があるので、できるだけ薬を摂ることなく、体を動かしたり、しっかり休養を取ったりして自分の自然治癒力を信じる。

◘ 今後の抱負

一人でも多くの方が魂のワークで、心と体の不調などあらゆることが癒されるよう活動していきたいです。私だけではとうてい無理ですが、魂のワーク協会の同志の方々と一緒に、一人でも多くの方に愛があふれるよう活動したいと思います。

田下 翔太　　たした鍼灸治療院

埼玉県熊谷市石原874-1 リビエール・ビラ101
TEL. 048-598-6323
tashitachiryoin.reservation@gmail.com

◎ 魂のワークをなぜ学ぼうと思ったか、そのきっかけ

創始の先生とは長いお付き合いがあり、当初から治療技術、患者様と向き合う姿勢には感銘を受けていました。その先生がつくり上げたものなので、ぜひ学びたいと思いました。私もさまざまな治療のセミナーなどに出てきましたが、これほど再現性があり、シンプルで結果の出る治療はほかにありません。初めて治療をされる方には簡単に結果が出て、熟練の先生にとっては深みのある治療だといえます。

◎ 魂のワークの施術により改善された代表的な症例

①化学物質過敏症

肩の痛みと可動域制限、お腹の症状など、さまざまな症状を訴える患者様に、脳反射刺激療法と魂のワーク・レベル5までの施術を行ったところ、肩の痛みと可動域の改善、化学物質過敏症の症状が治まった。

②メニエール病

めまい、首の痛み、不安症などの症状に対し、脳反射刺激療法と魂のワーク・レベル3を施したところ、めまい、首の痛みともほとんど出なくなった。

③五十肩、腰痛

腕が挙がらず、ギックリ腰の症状もある患者様に脳反射刺激療法を施したところ、左右の手が同じ高さまで挙がるようになった。腰の痛みも良くなった。

◎ 患者様からの感謝の声

・70代女性・三田様（メニエール病、耳鳴り、めまい、首の痛み）

「つらかったメニエール病がなくなりました。毎回、施術を受けるのを楽しみにしています。同じ症状で悩んでいる方は、長く続けると良くなると思います」。

・28歳女性会社員、A.F様（首、背中に痛み、疲労感、産後の骨盤のゆがみ）

「痛みの箇所を的確に理解してくれるので、信頼して治療を受けられた。治療が終わると負担を感じていた部分が楽になるのがわかった。マッサージにありがちな揉み返しがなく、体が整っていくように感じた。同じ症状で悩んでいる方は、体が整っていくと感じられる治療なので、痛む時は早めに対処したほうがいいと伝えたい」

◎ 心身の健康に対するモットー、理念

この仕事に就く時に、創始の先生にいただいた言葉があります。それは、「私たち治療家は患者様のお体を治すことはできない。患者様が良くなる手助けをしているのです」「私たち治療家は患者様の人生を治療しているのです」ということです。これは私が治療家として始めるきっかけの言葉であり原点でもあります。この言葉を忘れず、日々、患者様にとってより良い治療を追い求めていきます。

塚田 博　　渋谷塚田クリニック

東京都渋谷区桜丘町11-2 フィオーレ桜丘1F
TEL. 03-5728-6881
URL http://www.tsukada-clinic.jp

◘ 魂のワークをなぜ学ぼうと思ったか、そのきっかけ

魂のワークの講師の一人である森誠先生と聖典を学ぶ勉強会で知り合い、先生の誠実なお人柄に感動したこと。

◘ 魂のワークを通じて学んだこと、気づいたこと

人の思いや信念の力の偉大さを再確認しました。

◘ 代表的な症例

当院は主にがんを統合医療（西洋医学＋東洋医学）で治療させていただいております。ステージⅣ（骨やほかの臓器に転移のある、最も進んだ病期）の肝臓がんや肺がんの全快、術前乳がんの消失など、さまざまな症例があります。

がんになったことで、かえって今までの自分を振り返る機会が持て、家族や、ましてや、がんになったことさえも感謝する気持ちになり、毎日明るく人生を歩き始められた症例――これが、当院の最も代表的な症例と言えます。

◘ 患者様からの感謝の声

ありがたいことに、「先生の笑顔を見ると安心する」とよく言っていただいております。

◘ 心身の健康に対するモットー、理念

心と体はひとつ。「心にいつも太陽を!」

◘ 今後の抱負

病は今までの自分の考え方や生活習慣のバランスが崩れたことにより発症します。病を通して、今までの自分を振り返り、本来の自分らしさに気づかれ、新しい人生を歩みだすことをお手伝いできる医療を目指しています。

絶えず最新の医療を取り入れながら、私自身も進化させ、遠隔治療もできる体制にして、「魂の成長に貢献できる医療」を提供していきたいと願っています。

長町 俊児　　ながまち整骨院

大阪府松原市天美北2-20-18
TEL. 072-321-5588
URL http://nagamachi-soul.com

◘ 魂のワークをなぜ学ぼうと思ったか、そのきっかけ

当院は2017年の11月に、魂のワーク協会認定院として開業しました。

魂のワークを学ぶきっかけは、大阪の阿倍野区でなごみ整骨院を開院されている荒木先生から「すごい治療法があるから一緒にやらないか」とお誘いを受けたことでした。当初、開業準備段階の私に対して、初対面にもかかわらず、創始の先生や協会の先生方から親身にアドバイスしていただき、その魂のワークとの出会いに感銘を受けて、「これで困っている方の助けになれる」と確信して現在に至っています。

◘ 魂のワークを通じて学んだこと、気づいたこと

魂のワークに限らず、協会独自の手技（脳反射刺激療法）も日々進化しており、技術だけでなく、心構えや対応の仕方など施術に関わるすべてのことを、純粋に楽しみながら学ばせていただいています。

また、気負わず楽しむほどに良い結果が出ること、愛を持って楽しめば結果が変わることも学ばせていただいています。

◘ 魂のワークの施術により改善された代表的な症例

魂のワークに不可能はないと感じるくらい、さまざまな症状の方と向き合ってきました。具体的には、急性のケガや体の痛み・シビレといった症状から、内科的疾患や精神疾患など、さまざまな症状を診させていただいています。

もう治らないと諦めていた方が多数来院される中で、来院時の不安な表情から「なぜ今あった痛みがなくなったの?」といった不思議や驚きの声が出て、施術後には安心した表情に変わっていく様子を多数拝見させてもらっています。

◘ 心身の健康に対するモットー、理念

私自身、やると決めたら突っ走る性格で、この愛のある魂のワークに人生をかけて精進していく所存です。

そして、当院では決まった診療時間を設けていません。時間に関係なく、患者様が今抱えている体の痛みや悩みを少しでも治したいと思われた時に必要とされるよう対応したいという思いで、診療をさせていただいております。

諦めればそこまでですが、無限の可能性がある魂のワークで、さまざまな症状にオールマイティーに対応していきたいと思います。

◘ 今後の抱負

さまざまな悩みを抱えている方々の助けになれるように、患者様としっかり向き合っていきたいと思います。そして多くの方に魂のワークを知っていただいて、たくさんの愛を広めていくと同時に、多くの同志と一緒にそれができたらと思っています。

福田 結美　誠整骨院

東京都豊島区巣鴨1-14-6　第2松岡ビル2F
TEL. 03-6902-0379
URL http://www.makotoseikotsuin.com

◎ 魂のワークをなぜ学ぼうと思ったか、そのきっかけ

以前、私は理学療法士として一般病院や介護老人保健施設、訪問看護ステーションで働いていて、その中で、薬漬けの方、手術を繰り返す方、病気の再発や進行に不安がある方、死の恐怖を抱えている方と多く出会ったことで、「薬や手術で本当に良くなるのだろうか?」「そもそもなぜ病気になるのだろうか?」という疑問や葛藤が出てきました。

その後、自然治癒力という言葉と出会い、人間には治る力があるということを知った頃、ある勉強会で森誠先生と出会ったことが、魂のワークを知るきっかけとなりました。当時の私は心身ともにボロボロでしたが、森先生に魂のワークをしていただき、その場で心も体も救われました。そして、心の状態（トラウマやネガティブな感情、自己否定）が体に影響していたこと、長年の体のゆがみ（昔スポーツをしていた時のケガなど）を現在まで引きずっていて、それが体の不調として現れていたことを自身の体を通して痛感しました。そんな経験から、西洋医学の世界を飛び出し、治療家としての道に進む決意をしました。

◎ 魂のワークの施術により改善された代表的な症例

84歳男性・演劇作家。腸閉塞や脳梗塞、ぎっくり腰などを毎年のように起こして体調を崩していた。徐々に家に引きこもるようになり、抑うつ状態となる。病院ではうつ病と診断され、睡眠導入剤や精神安定剤を服用。介入当初は、「死にたい」「人と会いたくない」ほか、世の中や周囲の人々への怒りや、病気の再発への不安や恐怖、自己否定などの発言や感情が多く見受けられ、友人とも関わることなく、家の中に引きこもり状態となっていた。検査をすると、幼少期の母親との関わりで、「もっと認めてほしかった」という寂しさや怒り、病弱な幼少期に味わった死への不安や恐怖心が現在の症状の引き金となっていたため、魂のワークを施行。その夜は安眠が得られ、それから徐々に周囲の人（友人や奥様）との関わりに変化が現れた。

今では、徐々に生きる気力があふれ、心残りであった仕事も再開。「死ぬまでに自分がやるべきことをしよう」と前向きな気持ちで日々過ごされている。薬も服用することなく、抑うつ状態も改善。「日々死ぬことばかり考えていた僕を、前を向いて生きる気にしてくれました。今は感謝の気持ちで一杯です」との言葉をいただいている。

◎ 今後の抱負

西洋医学の現場で、薬や手術は症状を緩和させるものであり、根本的に体の不調や病気を治しているわけではないと痛感しています。その経験から、患者様にはお体を根本から正していく重要性をお伝えしていきたいと思います。

堀場 幹雄　楽ケア鍼灸整骨院

愛知県名古屋市北区大曽根3-3-39
TEL. 052-508-8654
URL https://rakucare.jimdo.com

◉ 魂のワークをなぜ学ぼうと思ったか、そのきっかけ

今までマッサージやハリ治療、カイロプラクティックなどで治療をやっていましたが、精神的疾患や心のケアができれば、もっと患者様にとって元気で理想的な状態にしてさしあげられると思い、それができる治療法を探していました。そんな時に、創始の先生から、魂のワークで治療すれば理想の治療「心と体の治療」ができることを聞き、学ぶことにしました。

◉ 魂のワークを通じて学んだこと、気づいたこと

体・脳・魂――この三つの調和がとれていないと健康な状態ではないということを学びました。不調はこれらの調和の崩れから来ており、それを魂のワークで再び正常な状態に調節すると、心身ともに健康となる。その方法を学ぶことができました。

また、人には言えない悩みがあったり、過去の記憶やトラウマなど「心の健康」が万全でなかったりするために、体に不調が出ている方が多いことにも気づきました。

◉ 魂のワークの施術により改善された代表的な症例

右腕の痛みを訴えられる70代女性。2週間ほど原因不明の激しい痛みがあり、病院や整体院へ行ったがいっこうに痛みが引かず、困って当院へ来院されました。その結果、1回の魂のワークで症状が改善し、次の日から運動にも行けるようになりました。原因はご自身の潜在意識にある過去の記憶です。それを魂のワークで浄化することで潜在意識の記憶が消え、症状がなくなったのです。

◉ 患者様からの感謝の声

「右腕が突然痛み出し、カイロプラクティックに行ったところ五十肩だと言われました。しかし、死んだほうがマシだと思うくらいの痛みに耐えられなくなり、知人の紹介でこちらへ来院しました。魂のワークのことは、こちらの院内で初めて知りました。

痛みが治まればいいと思い、また、腕の動かなかったのも治ればいいと思っていたところ、1回の治療でびっくりするくらい良くなり、驚いています。

2週間ほどずっと休んでいた運動にも次の日から通えるようになり、さらにびっくりです。魂のワークを受けて、『なりたかった自分』になりました。あまりの効果に感謝しています」

◉ 心身の健康に対するモットー、理念

体・脳・魂の調和を保ち、心と体のつながりを大切にします。

◉ 今後の抱負

魂のワークを使ってたくさんの元気を引き出し、患者様とともに「愛があふれる」世の中にしていきます。

Soul work
魂のワーク®

宮下 英樹　　出張&遠隔治療

神奈川県横浜市
TEL. 協会へご連絡ください。053-472-0753
soulwork.yokohama@gmail.com

◎ 魂のワークをなぜ学ぼうと思ったか、そのきっかけ

手技療法やエネルギーワークの世界では数多くの施術方法、さまざまな流派が存在しています。そのような中、本書で語られている魂のワークは「痛みへの即効性」「短時間でかつ、患者様だけでなく術者への負担も少ないメンタルケア方法」「ゴッドハンドと呼ばれる大先生ではなくても施術効果の再現性が高い」という点において、突出しているという言葉に尽きます。

多くの患者様は、体や心の痛み、苦しみを抱えて施術を受けに来られますが、問診後のわずか数分の施術で体の痛みだけでなく、心の苦痛も軽減・消失させられる魂のワークは稀有な存在であるといえるでしょう。

◎ 魂のワークを通じて学んだこと、気づいたこと

テクニックだけでなく治療哲学も確立されており、「施術にのぞむ術者の状態」「患者様が施術を受け入れる状態＝治りやすい状態」「治る力を取り戻す施術の場の作り方」「施術者としての哲学・あり方」など、施術の本質ともいえる内容を身につけることができます。

◎ 魂のワークの施術により改善された代表的な症例

44歳女性への遠隔施術の症例です。主訴は高血圧症による頭痛、動悸、体のだるさ、肩の張り。日頃、服薬により血圧をコントロールされていますが、施術当日は降圧剤を服用して数時間たっても血圧が下がらないという症状でした。

電話による遠隔施術により、魂のワーク・レベル1・2・3（脳・内臓・神経系へのアプローチ、トラウマ・ストレスの解放）を行い、また、浄化水によるワークを患者様自身に行っていただいたところ、10分ほどの施術で、施術前179だった血圧が施術5分経過後には133に。また、施術前に感じていた体の症状はすべて消失しました。

なお、10分の施術時間のうち、トラウマ・ストレス解放にかかる時間は3分程度で、患者様から具体的な話を聞き出すことなく、数十秒程度、原因となっていることに関する感情想起をお願いしただけで問題を解決することができました。この結果に、ご本人だけでなく、電話口で半信半疑で付き添っていたご家族も大変驚かれていました。しかし、このようなことは魂のワークの現場では珍しいことではありません。

◎ 心身の健康に対するモットー、理念

魂のワークは、筋骨格や精神的な問題だけでなく、内臓や内分泌・自律神経系の問題にも対応でき、患者様の身体的・精神的苦痛を最小限にとどめる施術方法です。当然、薬品による副作用もないという点からも、未来のセラピーのあるべき姿ではないかと考えています。

宮地 和也　　なごみ整骨院

静岡県浜松市中区高林2-2-6
TEL. 053-472-0753
URL http://kabungm.com/totalit

魂のワークをなぜ学ぼうと思ったか、そのきっかけ

魂のワークの創始の方とは以前、他の施術の勉強仲間でした。当時から私にはないものを持っている不思議な人だと思っていましたが、ある時「新しい施術方法を考えたから一度見学しに来ない?」と気軽に声をかけていただいたのが、魂のワークとの出会いとなりました。当時の私は、患部に触れる程度の施術内容で体が劇的に変化することを素直に受け入れられませんでしたが、その後、別の機会に見学させてもらったとき、劇的な改善例を目の当たりにして、これまでの概念が一瞬で吹き飛びました。そこで、魂のワークを習得して少しでも施術の幅を広げることで多くの患者様の手助けができるのではないかと思い、学ぶことになりました。

魂のワークを通じて学んだこと、気づいたこと

患者様が感じている痛みは、必ずしも訴えている部分ではない箇所に問題（原因）のあるケースが非常に多いということです。たとえば、内臓や脳、頭蓋骨など。それはすなわち、以前に学んでいた施術だけでは治しきれないケースがたくさんあるということ。そこで、日頃の施術での診方が変わり、そのおかげで以前よりいい結果が出るようになって患者様の満足度も上がり、信用を勝ち取れる先生になってきています。

創始者の考えは、「どんな外傷であろうと、慢性であろうと、メンタルであろうと臆することなく、その方にあった施術を提供すること」「かゆいところに手が届く施術家であり、患者様・施術家の方にも基本平等に接し、いつも感謝の気持ちを忘れず、愛があふれるように」というもの。これは、当たり前のようでいて、改めてその大切さに気づかされます。

魂のワークの施術により改善された代表的な症例

バイク競技をしている方。周りの人はブレーキをかけずにクリアするところ、ある特定条件のカーブに差しかかると、昔の事故の恐怖からブレーキをかけてしまい、転倒したり足を着いてしまったりするという症状です。魂のワーク後、嫌なイメージは思い浮かばなくなりましたが、「実際にコースを走ってみないとわからない」とのこと。

そこで後日、走ってみたところ、「いつも足を着いてしまうコースがあるのですが、足を着くことなく周りの人と同じような感じで、苦手なカーブをクリアできるようになっていてビックリしました」との感想をいただきました。

心身の健康に対するモットー、理念

現代社会では心の病を抱えている人が多く、支える側の家族にもストレスがのしかかります。そんな方の体と心の病を解決できる先生となることをモットーに、患者様が心身健康で日々を過ごせるようお手伝いできればと思います。

村田 一生　　誠整骨院

東京都豊島区巣鴨1-14-6　第2松岡ビル2F
TEL. 03-6902-0379
URL http://www.makotoseikotsuin.com

◉ 魂のワークをなぜ学ぼうと思ったか、そのきっかけ

創始の先生が魂のワークを完成される以前から、私の師匠や創始の先生のもとで治療の勉強をさせていただいていました。そこでは、どのように患者様に対して向き合っていくか、どこまで患者様のために自分を高めていくかを肌身に感じ、日々勉強を積み重ねていたところ、創始の先生が魂のワークを完成させ、驚くべき効果と結果が待っていました。

◉ 魂のワークを通じて学んだこと、気づいたこと

学ばせていただいてまず思ったことは、本当に誰にでもできるということです。「誰にでもできる」とうたっているセミナーはたくさんありますが、セミナーを受けてもその日からは使えず、創始の先生と同じような結果を出せず、結果を出すためのコツや核となる理論は伝えてもらえないことがほとんどでした。

しかし、魂のワークは誰でも学んだその日から、創始の先生と同じ効果を発動できます。学んだことをその場で、高いクオリティーで発揮できる。そんなセミナーに出会ったことがなかったので、まずそこに驚きました。

◉ 魂のワークの施術により改善された代表的な症例

・PTSD（心的外傷後ストレス症候群）を一度の施術で解消。
・以前殺されかけたというトラウマから、うつになっていた方のトラウマを一度の施術で解除。
・会社でのイジメによるストレス、引きこもりを一度の施術で解除。その後社会復帰。
・原因不明の肩関節痛、可動域制限を一度の施術で解除。

◉ 心身の健康に対するモットー、理念

施術する側の人間として、自分がまず健康でなくてはならないと思っています。人には、体だけでなく心にも自然治癒力があります。それは裏を返すと、いかなる症状も自然治癒力を発生させることで解消できる可能性を示すものです。

人間を構成する要素は物理的な肉体だけではなく、精神面も含まれます。そこで、施術者としては、できる限りあらゆる角度から患者様と向き合うために、また自分自身の健康のためにも、あくなき勉強の積み重ねが重要と思っています。

◉ 今後の抱負

不思議なことに自分のレベルが上がっていくほど、さまざまな症状を抱えた患者様がお見えになります。中には、物理的な治療だけでは対処できない方もおられます。そんなさまざまな患者様の問題を解決するために、今後もさらに学びを重ねて、一人でも多くの患者様の笑顔を見られるように日々勉強、日々精進したいと思います。

森 誠　誠整骨院

東京都豊島区巣鴨1-14-6　第2松岡ビル2F
TEL. 03-6902-0379
URL http://www.makotoseikotsuin.com

◎ 魂のワークをなぜ学ぼうと思ったか、そのきっかけ

魂のワークができる以前から、創始の先生とともにいろいろなセミナーを受講していました。しかし、エネルギーワークのセミナーだと、その高弟の先生たちにしか奥義が明かされていないことも多く、また、効果を出すためにカウンセリング的なことまでですると2時間くらいかかってしまうのは現実的ではないと、当時、創始の先生と話をして、「なんとか瞬時にして変えられるものはないか」と、真剣に考えていました。

そんな中、2014年に魂のワークは産声をあげました。その瞬間に立ち会った先生たちの多くは感激し目を輝かせていて、私もまたその一人でした。

◎ 魂のワークを通じて学んだこと、気づいたこと

魂のワークを学んでから、その患者様の本当に困っている部分の大元をつかむことが大切だと考えるようになりました。それがつかめれば、治療の成功率はほぼ100パーセントです。それには、患者様に対して真剣に向き合うことです。

◎ 魂のワークの施術により改善された代表的な症例

80代女性の例。戦後70年間、毎日が不安で、怖さを1日も忘れたことがなく、何か楽しいことがあっても一瞬で不安に変わるそうです。お話の内容によると、子どもの頃、満州でロシア兵に拘束され、体育館で雑魚寝の生活に。暖房がないため毎日のように人が死んでいく中、母と兄妹とともに何とかそこを逃げのび、兵隊として奉天に滞在していた父親と合流して日本へ引き揚げます。しかしそれ以来、毎日ずっと怖く、不安から抜け出せず、今では生涯このままなんだと覚悟していたそうです。

魂のワーク・レベル4で治療したところ、「今は思い出せないけれど、どうなるのかなぁ」との感想。次の日、留守番電話に「暗いことを考えないで1日過ごせました。こんなことあるんですね」とありました。その次の日に連絡が取れたので状態を伺ったところ、「本当に不安もないし、怖くもないし、こんな日が来るとは思わなかった。私の『戦後』が終わりました」とのことでした。

戦争を体験された方のつらい過去を、戦争を映像でしか見たことがない世代の人間が助けてあげられる……。私たちには、まだまだやれることがあるんだと改めて思わせてくださったことに感謝しています。

◎ 心身の健康に対するモットー、理念

「愛は愛情とは違う。愛情は見返りを求めるが、愛は見返りすら求めない。愛は一方通行である」と私は考えます。だから、自分のしたことに評価を求めず、今、目の前にいる患者様のためできる限りを尽くす。ただそれだけです。良い悪いの二択ではなく、頼って来院された方のために私の役割を全うするだけです。

渡辺貴信　　なごみ整骨院

神奈川県横浜市金沢区六浦南4-16-1　クランベリーハウス1F
TEL. 045-782-7532
URL https://mutsuuradai-seikotsuin.com

◘ 魂のワークをなぜ学ぼうと思ったか、そのきっかけ

魂のワークができあがる前から、創始者の先生にご指導をいただく機会がありました。それは非接触での施術ではありませんでしたが、患者様の悩みに対して完治根治の最短ルートであると感じる施術内容でした。魂のワークを学べるようになったタイミングですぐに学び始めました。

◘ 魂のワークを通じて学んだこと、気づいたこと

術者のマインドにインストールするだけで、ワークが発動することが意外でした。

今まで学んできた多くのエネルギー療法は「初級」「中級」「上級」と学び進めていかないと講師と同じ施術はできませんでした。しかし、魂のワークの特徴は、学んだその日に“創始者の60%”の結果が出せるところです。臨床経験を積んでいくことで100%にもなるし、それを超える可能性もあります。

学んだその日に使えるようになる魂のワークですが、術者の心の状態が施術の結果に直結しています。「この痛みをなくして帰ってほしい」といった術者の感情は、施術の質を落とすばかりか、痛みに変化が出ないこともあります。エネルギー療法でも手技療法でも楽しみながら施術する大切さを魂のワークを通じて再認識できました。

◘ 魂のワークの施術により改善された代表的な症例

大きな病院で「もうこれ以上は治りません」と言われた中学生の手の痛みです。この痛みのせいでバットが振れず野球ができない状態でした。魂のワークにより、痛みがなくなり今では野球推薦で高校生になっています。

◘ 患者様からの感謝の声（上記患者様のお父様の感想）

「痛いところをピンポイントに刺激するのではなく、身体全体、脳から治すという今までにない治療法でした。 先生のていねいな施術で心もリラックスできて、どこの病院でもサジを投げられた痛みが2か月ほどで治り、今では前と同じように野球ができています。今の時代、どうしても西洋医学がメインですが、原因はそこではっきりさせて、あとの治療は、しっかり親身になってくれるところが良いと思います。

外科系のリハビリもアリだとは思いますが、形にとらわれすぎているように感じます。こちらは、その人に合った施術、アドバイスをくれるので短期間で治ると思います」

◘ 心身の健康に対するモットー、理念

いわずもがなですが、食べたものが身体をつくります。食品には気をつけています。最近では、お味噌を自作しています。

◘ 今後の抱負

子どもの学力を向上させる施術を広めていきたいと思っています。

トリミングプラザ　キラキラ

静岡県浜松市浜北区善地182
TEL. 053-545-5825
URL http://kirakira.be

◎ 魂のワークをなぜ学ぼうと思ったか、そのきっかけ

近年のペットマッサージについて、私はトリマーとして、また犬を扱うプロとして納得できない施術が多く、言葉の話せないペットにストレスや恐怖を与えることなく施術してあげたいと思ったのが魂のワークを学んだきっかけです。

◎ 魂のワークの施術により改善された代表的な症例

毎週シャンプーに来る長毛のシーズー（13歳メス）の例。シャンプー後、ドライヤーで乾かす作業をしながら全身の施術を５分程度、週に１度、１か月間続けたところ、伏せから起き上がる動作がスムーズになり、散歩も以前より５分ほど長い15分間行けるようになり、お家の中でもフローリングで滑ることが少なくなりました。エサを食べる時にも、それまでと違い立って食べられるようになったそうです。

◎ 心身の健康に対するモットー、理念

言葉を話せないペットが安心して楽しく生活していけるように、いろいろな面から飼い主さんやペットのサポートをしていきたいです。健康面については、早期発見もトリマーの仕事の一つです。一つも見逃すことのないようサポートしていきたいと思います。

藤井 良子　　なごみ整骨院

静岡県浜松市中区高林2-2-6
TEL. 053-472-0753
URL http://kabungm.com/totalit

◎ 魂のワークをなぜ学ぼうと思ったか、そのきっかけ

数年間、五十肩の痛みと引っかかりで、肩や腕をうまく使えない時期がありました。その状態をかばいながら仕事でマッサージをしているうち、ある日突然、激痛に襲われて肩も腕もビクとも動かせなくなりました。

整形外科では痛みをマヒさせる注射で対応し、手術まで考えていた時、知人からの紹介で魂のワークの施術を受けることになったのです。その結果、体のゆがみはその場で即改善、肩の引っかかりもなくなり、数回の施術で痛みはゼロに。それがきっかけで勉強させていただくことになりました。

◎ 魂のワークを通じて学んだこと、気づいたこと

強い圧をかけたり、引っ張ったりすることで体のバランスはますますひどく崩れてしまうことを知りました。一方、魂のワークでは、教えていただいたポイントを優しく施術することで、ゆがみやこりが軽減する……。どうして、こんなに変化するのかと驚きの連続です。

◎ 魂のワークの施術により改善された代表的な症例

施術により、疲れやストレスで重くなった頭や体が軽くなり、関節が動かしやすくなり、足の左右差のズレが揃ってバランスがとれるといった成果を上げ、喜んでいただいています。

益田 祥正

神奈川県大和市在住
TEL. 090-5435-2959
choco0201.masu0509@gmail.com

◉ 魂のワークをなぜ学ぼうと思ったか、そのきっかけ

きっかけは、ケガで創始の先生の治療院に通っていた時に、「物心ついた頃からの悩みを家族に告白する勇気が出ない」と相談したことでした。

魂のワークを受けてみると、自分の心がどんどん変化していくのがよくわかりました。存在を認めてもらえたような、赦されたような、そんな温かさで心が満たされ、ワーク後はこれまでひた隠しにしていたことを言える自信と、勇気を持った自分に変化していることに心底感動し、涙があふれて止まりませんでした。

その後、魂のワークのセミナーが開催されると聞き、自分が経験したように、悩み苦しんでいる人たちに笑顔になってもらいたいと思い、セミナーに参加する決意を固めました。

◉ 魂のワークの施術により改善された代表的な症例

現在、治療院は持たず個人として活動しており、主に家族や知人、スポーツチームの選手の方に対してワークをしています。試合前後の体の調整やケガのケアなどを行っており、選手から「良いプレーができたよ」「ケガしたところが痛くて動けなかったのが、気にならないほどちゃんと動けるようになった」等のお声をいただいています。

向田 圭吾　　なごみ整骨院

静岡県浜松市中区高林2-2-6
TEL. 053-472-0753
URL http://kabungm.com/totalit

◎ 魂のワークをなぜ学ぼうと思ったか、そのきっかけ

私は、交通事故が原因で患者側として魂のワークを知りました。施術をしてもらったところ、その場ですぐに痛みが引くことを実感し、何回か施術を受けたところ日常生活で痛みなく横になれたり、屈《かが》めたり、座れたりできるレベルまで回復できました。

私は、この事故でかなりの苦労をしたので、同じ経験をほかの人にしてほしくないという考えから施術者への道に進むことを決め、魂のワークを学ぼうと決心しました。

◎ 魂のワークを通じて学んだこと、気づいたこと

魂のワークを通じて学んだのは、患者様の筋肉・骨格の調整だけでなく、心・体・内臓等のトータルケアと、術者自身の心のバランスがとても重要だということです。

◎ 心身の健康に対するモットー、理念

ストレスコントロールを念頭に、内なるドクター（自己治癒力）の指示を信じて、それに従うことを大切にすることをモットーにしています。今後は施術効果があがるよう自らの心身を整え、少しでも多くの患者様に喜んでもらえるよう努めていきたいと思います。

増田保行

静岡県浜松市在住
TEL. 協会へご連絡ください。053-472-0753
nati37happy@gmail.com

松下欣平　　なごみ整骨院

静岡県浜松市中区高林2- 2- 6
TEL. 053-472-0753
URL http://kabungm.com/totalit

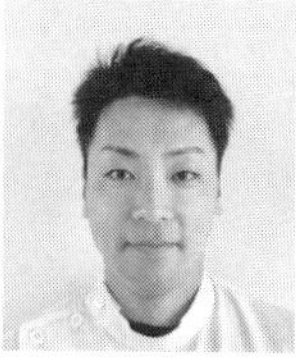

中村 友彦

島根県出雲市在住
TEL. 協会へご連絡ください。053-472-0753
t_psychogun@yahoo.co.jp

木村 穂

東京都町田市在住
TEL. 協会へご連絡ください。053-472-0753
ican7hoo@gmail.com

三輪有美子

静岡県浜松市在住
・FUJI ふじの町健診センター　・老人保健施設 エーデルワイス
・総合青山病院　・横浜東口クリニック
・江東健診クリニック　・八千代総合健診センター
TEL. 協会へご連絡ください。053-472-0753

おわりに

本書で述べてきたように、心の95パーセントを占める、自分自身も知らない未知の領域を「魂＝潜在意識」と言います。

それは、はっきり感じとれないとしても、存在することは何となくわかるので、「魂で生きる」「魂からの願い」「魂のこもった逸品」といった表現が一般にも使われてきました。

その場合、「魂」という言葉には、「丸ごとの心」という意味も託されているのでしょう。

5パーセントの顕在意識は誰でもはっきり気づいている心ですが、95パーセントの潜在意識まで含めてはじめて丸ごとの心になります。

そして、丸ごとの心に働きかけないと、ストレスやトラウマは根本から解消されることはなく、心身の問題は効果的に解消できません。

魂のワークは「魂＝潜在意識」へ働きかけるエネルギーワーク（生命エネルギーによる治療）です。

心身を正常な元の状態に戻す周波数や、痛みを即座に解消する周波数のエネルギーにより、医学知識のない人であっても、学んだ瞬間から心身のさまざまな症状を解消できることから、医師からも「新時代の医療」との高い評価を得ています。

従来のエネルギーワークのように、厳しい修行や長期間の訓練などは不要で、むしろ楽しみながら練習や施術に取り組むことで、より良い施術結果が得られるというのも大きな特徴です。

そのことは、ソウルワーカー（魂のワークの施術者）を養成するセミナーの中で十分に体感できます。

それに関連して、第1、2章で「習ったその日であっても、100点満点で60点以上の成果をあげられる」と述べたことについて、少し補足しましょう。

残りの40点については、施術を重ねて治した経験を積んでくると、マインドが強化されて創始者のレベルに近づいてくると説明しましたが、実はもう一つポイントがあります。

それは、「頑張って治そうとしない」ということです。

第5章でも触れたように、「頑張ろう」という意識は緊張とストレスを生みます。

また、施術者が「頑張って治そう」「絶対治したい」「自分が治してやるぞ」といった意識を持つと、それはエゴとなって心のブレを生み、発動するエネルギーが少し弱くなります。症状や病気を治すのは患者さん本人の自然治癒力であって、ソウルワーカーの力ではありません。

そこを思い違いして、「頑張って治そう」「絶対治したい」「自分が治してやるぞ」という意識を持ってはいけないのです。

そこで、魂のワークをこれから学ぼうとする人に伝えたいのは、おもちゃを買ってもらったばかりの子どものように、まずは魂のワークというツールで遊んでみてほしいということです。

治療の世界で「遊ぶ」というと不謹慎に思うかもしれませんが、少なくともエネルギーワークにおいては、エゴの意識で施術にあたるよりも、遊びの意識で楽しんで施術にあたるほうが高い治療成果を得られます。

それは、遊びの意識にはエゴが入り込みにくいからです。

さらに、子どもを見ているとわかりますが、人は遊びの中で、ある種の天才性を発揮するものです。

魂のワーク自体が、そのような天才性の中から生まれたと言っていいでしょう。

ソウルワーカーが治しているのではなく、患者さん本人の自然治癒力が治しているということを理解して、遊びの意識で治すことを楽しむとき、魂のワークは100パーセントの実力を発揮します。

私たち魂のワーク協会は、体・脳・魂を調和させ心身の健康を取り戻す魂のワークと、それに関連する、脳反射刺激療法や浄化水整体などの技術の普及により、「すべての人に愛のあふれる世界」の実現を目的としています。

さらに今後は、治せる治療家の養成はもちろんのこと、会員のみなさんが治療家として、魂のワークで生計を立てられるようになるためのサポートの提供を、ゴールとして設定しています。

その使命のため私たちは、この新時代のエネルギーワークの可能性を、ソウルワーカーの立場から、あるいはソウルワーカーを養成する講師の立場から発信していきます。

講師といっても、創始者も含めそこには上下関係はなく、横一列の関係です。

メンバーが横一列となり発信しているのが、他にはない、魂のワーク協会の特徴と言えるでしょう。

その活動によって、すべての人を病気から解放し、愛のあふれる世界を実現することが私たちの願いです。

本書では紙幅の都合上、魂のワークの概要についてまとめてきました。魂のワーク協会は全国のメンバーの日々の施術やセミナーなどで日々進化・発展しています。今後、魂のワークのより詳細な方法や最新情報について、新たな書籍の出版も検討していますのでどうぞご期待ください。

本書の出版にあたっては、関係者の皆様による多くのお力添えをいただきました。この場をお借りして感謝申し上げます。

2018年10月

魂のワーク協会　一同

へのお手伝いをしたいと思った方へ

健康に関する物品の開発・販売

●**「エネルギーシール」**……胆力・体幹強化
●**「浄化水」**……身体のゆがみに対して浄化水整体をする際に使用
●**「電子還元オイル」**……浄化水整体の際に使用、痛みの軽減または消失
●**「SAMURAI MOVE GEAR（インナーウエア）」**……姿勢の改善・身体能力の向上（パワー・瞬発力・ジャンプ力・体幹力。症状の軽減または改善）

魂のワーク協会

　魂のワークを学びたい方・協会のことを詳しく知りたい方は、ホームページをご覧ください。
http://soul-work.jp/
・毎日更新して、リアルな患者様の声を掲載しています。
・セミナー受講者様のリアルな声を掲載しています。
　『魂のワーク』を学んで、【すべての人に愛のあふれる世界を】実現するミッションへの参加をお待ちしております。

魂のワーク協会の仲間たち

本書を読まれて、本気で患者さんの健康

医学的な勉強・知識のない主婦の方でも、学ぶことでその瞬間から60点の施術ができます。

最寄りの魂のワーク認定院、または魂のワーク協会へお問い合わせください。

学ぶことにより施術の幅が広がります。

同志も増え相談もできます。

一人でできることには限界がありますが、仲間が増えることにより可能性は無限に広がっていきます。

私たちとともに、【すべての人に愛のあふれる世界を】実現するミッション（mission）に参加し、同志になりたいと思われた方を心よりお待ちしております。

なぜ魂のワーク協会が発足したのか

魂のワークは、2014年から仲間内の先生からの要望があり、誕生からわずか2年間で20回程度のセミナーを開催しました。

広告・宣伝なしの不定期の状態でしたが、受講者の先生のクチコミ・紹介だけで、お医者様から普通の主婦の方まで、約200人の方々に受講していただきました。

そして、身体・脳・魂の調和を取り戻す手伝いをし、【すべての人に愛のあふれる世界を】実現することをミッション（mission）に、2016年に魂のワーク協会が設立されました。

魂のワーク協会の活動

勉強会・セミナー

●魂のワーク（レベル1～5）

●脳反射刺激療法（初伝～奥伝）

●体質別骨軸筋連動トレーニング

●浄化水整体

●スキルアップ合宿

●大阪、名古屋、静岡、東京の勉強会

魂のワーク協会・関連ウェブサイト

本書で解説しきれなかった内容を下記サイトで紹介しています。
ぜひアクセスしてみてください。

●書籍特設ページ
https://mutsuuradai-seikotsuin.com/soulwrokbook

●魂のワーク協会・クライアント様の声（口コミ、症例）
http://soul-work.jp/voice_client/

魂のワーク　クライアント様の声　検索

●魂のワーク協会・協会HP受講者様の声
http://soul-work.jp/voice/

魂のワーク　受講者様の声　検索

●魂のワーク協会・動画（YouTube）

ユーチューブ 魂のワーク　検索

●渋谷塚田クリニック
http://www.tsukada-clinic.jp/

渋谷塚田クリニック　検索

●渋谷塚田クリニック　ブログ
https://ameblo.jp/tsukada-clinic/

渋谷塚田クリニック　ブログ　検索

※「魂のワーク®」の名称は特許庁により商標登録を受けています。
登録者への事前の許可なく、これらを無断で使用することはできません。
登録商標は、登録者のみが使用できる名称であり、登録者の許可なく使用することは商標権の侵害となります。

潜在意識《せんざいいしき》を整《ととの》えると、体《からだ》の痛《いた》み、心《こころ》のつらさが瞬時《しゅんじ》によくなる！

2018年11月15日　初版第1刷

編著者 ―――― 魂《たましい》のワーク協会《きょうかい》
発行者 ―――― 坂本桂一
発行所 ―――― 現代書林
〒162-0053　東京都新宿区原町3-61　桂ビル
TEL／代表　03(3205)8384
振替00140-7-42905
http://www.gendaishorin.co.jp/
ブックデザイン ―――― 吉崎広明（ベルソグラフィック）
イラスト ―――― 村野千草
カバー・オビ使用写真 ―― Valenty/Shutterstock.com

印刷・製本：広研印刷(株)
乱丁・落丁本はお取り替えいたします。
定価はカバーに表示してあります。

ISBN978-4-7745-1740-7　C0011